中国著名礼仪培训师团队
以丰富的商务礼仪培训经验倾力打造

COMITY

# 商务礼仪
# 标准培训

吕艳芝 徐克茹◎主编

冯楠◎副主编

★★★★★
第4版
The Fourth Edition
★★★★★

中国纺织出版社

国家一级出版社
全国百佳图书出版单位

# 内 容 提 要

本书系统地介绍了当代商务礼仪的基本知识和标准规范，帮助职场人员提高个人职业修养水平，使大家能合乎礼仪，自如得体地面对客户、上司、同事以及客商，在各种不同类型的商务场合中展现完美出众的职业风采，更顺利地取得事业的成功。

本书可作为各企事业单位员工礼仪培训教材，对于初涉职场或即将步入职场的人士以及想系统了解商务礼仪知识的职业人士来说，是一本值得推荐的商务礼仪读物。

图书在版编目（CIP）数据

商务礼仪标准培训／吕艳芝，徐克茹主编 .—4 版 .—北京：中国纺织出版社，2019. 11（2023.8重印）

ISBN 978-7-5180-5982-9

Ⅰ.①商⋯ Ⅱ.①吕⋯ ②徐⋯ Ⅲ.①商务—礼仪 Ⅳ.①F718

中国版本图书馆 CIP 数据核字（2019）第 044533 号

策划编辑：顾文卓　　　责任校对：寇晨晨　　　责任印制：储志伟

中国纺织出版社出版发行

地址：北京市朝阳区百子湾东里A407号楼　邮政编码：100124

销售电话：010—67004422　传真：010—87155801

http://www.c-textilep.com

E-mail：faxing@c-textilep.com

中国纺织出版社天猫旗舰店

官方微博http://weibo.com/2119887771

天津千鹤文化传播有限公司印刷　各地新华书店经销

2007年1月第1版　2010年8月第2版

2015年3月第3版　2023年8月第4版第6次印刷

开本：710×1000　1/16　印张：15.5

字数：187千字　定价：49.80元

凡购本书，如有缺页、倒页、脱页，由本社图书营销中心调换各位读者朋友，大家好！

让我们由一个案例开启《商务礼仪标准培训》第 4 版的分享。

这个案例讲的是国内某上市公司的一次三方商务洽谈。

为了做好洽谈，作为上市公司的主办方，在洽谈准备上进行了反复研讨，尤其是对乙方的"宴请"安排真是煞费苦心。

为避免出现洽谈中的尴尬，主办方首先安排其中的一个乙方团队在公司附近的餐厅就餐并顺利地完成了接待。宴请结束后，主办方又马不停蹄地迎接另一个乙方团队，并在公司领导家里以宵夜的形式会面至深夜。

从礼仪的角度分析上述宴请，主办方在宴请的先后、宴请的地点以及平衡与两个乙方团队的关系方面都做了精心安排并最终达到良好的结果。

这一故事告诉我们——礼仪，不管是面对商务团队间交往，还是个人商务交往活动，都是尊重，是"度"的把握。

例如：我们十分清楚，在商务交往中，面对五人座轿车，当有专职司机驾驶时，座位的尊卑顺序是什么。可是，当我们机械地按照日常的顺序安排座位时，往往会出现问题。这是因为，我们面对的交往对象有自己的落座习惯。此时，正确的做法是知晓对方的习惯并正确地开关车门。

礼仪文化之所以能够在历史长河中源远流长，不断发展，是因为礼仪为人类发展起到了良好的促进作用，甚至可以理解为礼仪为人类服务。所以，单纯认为礼仪是一种约束则是片面的。

礼仪文化的复兴由最初的学习发展，至今已经进入掌握礼仪知识并灵活应用的阶段，这是因为我们走近礼仪文化、实践礼仪文化、研究礼仪文化，而且逐步清楚了礼仪文化的内在规律。这是一种进步。

第4版《商务礼仪标准培训》，将继续前三版的撰写思路，将科学的礼仪规则分享给大家。其中，第一章、第四章的第五节、第五章，是结合本人40余年教学经验和三阶成师礼仪师资培训最新教学成果撰写而成。

原第七章中的"商务仪式礼仪"由原来的一节扩充为新的一章——第八章，由冯楠老师完成。

第二章、第三章、第四章第一至第四节、第六章、第七章由徐克茹老师完成。徐克茹老师、黄新伟老师承担了其中部分插图的拍摄工作。

在完成第四次再版的过程中，三阶成师项目首期班的学员给予了大力支持。感谢王金、赵维娜、陆薪宇、陶蔚、袁青、田昕霭老师，提供了专业插图。

最后，要真诚感谢第1版至第3版的主编徐克茹老师，她是一位专注、专业、无私、低调的好老师！是真正的礼仪大家！

吕艳芝

2018年11月9日

# /目录/

# 第一章
# 重新认识商务礼仪

　　各位亲爱的读者朋友，在《商务礼仪标准培训（第4版）》的第一章中，我想和大家分享近几年对商务礼仪课程的研究成果，以及作为"三阶成师礼仪师资认证"项目创始人，在培训工作中对礼仪文化的新发现、新认识。在这一章中，我们将分享两个话题：第一是礼仪是成就大事的小事；第二是礼仪的价值无法估量。

# 礼仪是成就大事的小事

在商务礼仪培训中，为了落实"有趣、有用、有效、有科学性"的培训理念，我们的课堂在努力规避传统课堂上的"满堂灌"，并渗透"礼仪是成就大事的小事"的理念

## 一、课堂上的大事与小事分享

在商务礼仪教育培训中，我经常这样组织课堂教学。

首先，展示三张图片（图1-1）。

其次，请大家站立到图片中自己喜欢的人面前。

最后，请大家回答喜欢这个人的原因是什么？

这样的活动，很快

图1-1

使课堂气氛活跃起来。学员会纷纷回答"我之所以选择第一位，是因为他穿的是西服，他给了我可信赖的印象""我选择第一位，是因为他鼻梁上那副眼镜，给我对方文化程度较高的感觉""我选择第一位，是因为他的头发很整齐"等。

选择第二位和第三位的学员，也会讲出自己选择的依据。

但是，我不会满足于学员这样的回答。所以，会继续追问："当人们这样穿、这样戴、这样梳理头发时，我们会认为他们是什么样的人？我们给出的结论会对双方的合作带来什么？"

在大家七嘴八舌的分享中，我还会和大家分享我的想法。

比如：在商务交往中，交流对象也会这样审视、评价我们。

比如：这种审视和评价，往往是很难逆转的。

又比如：我们看到的穿戴、发型、表情以及站姿等，表面看都是小事。可是，这些小事在对方眼里并不是小事，对方会根据这些小事给出"对方是什么人"的结论，尽管这是非客观的。

是啊！这些小事决定着第一印象的好与坏；这些小事决定着人际交往是否能够开展，决定着交往的质量，这些小事还决定着我们的一生是否快乐、事业是否顺利。

就在这样的交流中，大家很快清楚了商务礼仪是什么。同时，也体会到了这一文化的重要性，并建立起"礼仪是成就大事的小事"这一概念。

## 二、现实中的大事与小事分享

我的一位好友，曾经在一家银行购买了理财产品。

我们知道，银行的理财经理一般三年要调换一次网点。我的这位好友，当熟悉的理财经理被调走后，感觉非常不适。

尽管新的理财经理多次热情邀约，她却执意不见对方。最终，因年终到了，必须要到银行处理自己购买的产品时，她和理财经理见面了。

见面之后，她发现新的理财经理躲避她的眼神、双手抖动、讲话时断断续续。

这些表现让她更加失望。最终，她将自己的所有银行业务转到了另一个网点。

我们认为，躲避对方眼神不是大事，手部抖动不是大事，讲话断断续续也算不上大事。但是，这些行为造成了客户流失，就应该是大事。

礼仪确实是小事。但是，人们会通过这些小事表达对事物的态度，也会通过对方对这些小事的处理，判断其对自己的态度。所以，礼仪在表达三层含义：一是我们是什么人；二是我们要到哪里去；三是我们要去做什么。

在《商务礼仪标准培训（第3版）》中，徐克茹老师写道：礼仪，是"礼"和"仪"的统称，是人际交往过程中，人们相互表达尊重、友善，以建立和谐关系为目的而遵从的行为方式、行为准则和活动程序的总和。"礼"指礼节、礼貌，"仪"则涵盖了仪容、服饰、仪态言谈以及仪式等方面。

商务礼仪，则是指在商务场合中，人们相互表示尊重、问候、祝愿的礼节，商务人员的仪容、服饰、仪态、言谈以及与商务工作有关的各种仪式活动的总称。它是礼仪在商务场合中的具体运用。

## 三、灵活把握小事才能成就大事

如果将礼仪单纯定义为规范，是比较片面的。因为，礼仪文化之所以能够源远流长，是因为这种文化给人类发展提供了支持而不是单纯的约束。

我们经常定义实践礼仪的成功人士，其成功在于做到了两个方面。一是他们十分清楚礼仪的系统知识和行为规范；二是他们能够针对不同的人、不同的场合、不同的活动性质，选择适宜的行为方式。

比如：在商务接待中，当和客方一起上楼梯时，礼仪规则是请客方走在高处。但是，当我们请对方先行时，对方经常给出"还是您先请"的意愿。在这种情况下，如果我们机械地按规则执行，便会坚定地回答对方："不好意思！还是您先请。"如果对方按照我们强化的指令先行了，客方的心理和情绪体验是什么呢？他们也许会因对这里不熟悉而纠结，也许会因我们的强化而感觉自己在被命令。总之，会给对方带来不愉快的感受。静静思考，大家会给出结论，我们因严格执行规范而使客方认为不考虑他的意向及感受。这个结果告诉我们，我们违反了礼仪文化所追求的实质——尊重。

所以，单纯的学习礼仪文化是远远不够的，能够做到灵活应用才是最终目的。让我们一起加油！

## ❓习题

1. 商务礼仪包含哪些内容？
2. 为什么礼仪是成就大事的小事？请举例说明。

# ·第二节·
# 礼仪的价值无法估量

《情商》一书的作者丹尼尔·戈尔曼写道：人的情商十分重要。所以，任何新人在进入工作岗位前，都最好接受礼仪文化的学习。

戈尔曼强调礼仪很重要，那么，礼仪和情商是什么关系呢？戈尔曼在书中没有解答，那就让我们自己完成吧。

## 一、再现《情商》中的故事

"叔叔手里有一颗棉花糖，你现在就可以吃掉它。"话音还未落，坐在对面的孩子马上伸出了手，他想很快把这颗糖放到自己的嘴里。

叔叔将拿着糖的手闪开，孩子没有拿到棉花糖，他下意识地跺着脚，一副急切的样子。看着孩子无奈的小脸，看着孩子渴望的眼神，叔叔继续说道："孩子，如果你能在15分钟之后再吃这颗糖，我还会再奖励你一颗。"之后，叔叔将棉花糖和孩子留在了房间，自己悄悄地走了出去。

这一实验故事，是戈尔曼在《情商》一书中，对心理学界进行的一个实验的描述。这个实验的对象是20多名即将上小学一年级的孩子，他们将分别和一颗棉花糖，在一个没有其他人的房间里度过15分钟的时间。孩子的选择有两种：15分钟内吃掉这颗糖，或是在15分钟内，不吃这颗糖。如果没有吃，就能另外得到一颗糖。

时间在孩子们一个个分别走进房间，又一个个获得一颗或是两颗糖，走出房间中流逝。当实验结束时，研究人员发现面对棉花糖，孩子们的表现大致有三类。第一，很快将糖吃掉；第二，中途将糖吃掉；第三，没有吃。

科研人员将孩子们的表现做了记录并开始跟踪他们。孩子们上了小学、中学、大学，最后，他们走出校园参加了工作。

待他们工作三年后，科研人员发现，生活与工作比较顺利、小有成绩的人多数是那些"没有吃"的孩子。

在 1995 年前后，这个心理学实验随着丹尼尔·戈尔曼的论著《情商》来到中国。这使我们开始认识到，一个人的发展，在重视智商培养的同时，更要重视情商的培养。这种重视来自于丹尼尔·戈尔曼给出的数字表达：人生成功 =80% 的情商 +20% 的智商（图 1-2）；这种重视来自于丹尼尔·戈尔曼对情商全面的、从理论到实践及生动案例的分析。当然，这种重视还来自于我们自己认知上的变化。

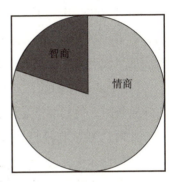

图 1-2

丹尼尔·戈尔曼在书中写道：情商要从五个方面进行培养，分别是对情绪的自我觉察能力、情绪管理能力、自我激励能力、对冲动的控制能力和人际交往技巧。

## 二、高情商带来事业的成功

在长年的商务礼仪培训中，学员们的例子也同时反过来教育了我，他们的成功让我感到了情商对个人发展的作用。

一位在银行做客户经理的男士，某一天到一家饭店推广 POS 机。

他在听到"请进"后，轻轻推开饭店财务总监的房门，向前走了 2 ~ 3 步后停下来，自我介绍道："刘总监，您好！我就是……"他边自我介绍边看到，对方始终低着头，一副不认真的样子。

客户经理想道："我应该想办法让对方抬起头，认真听我的介绍。"有了这种想法，做法也很快找到了。

客户经理笑着说道："刘总监，今天，我给您带来了新的产品。其实，我还有一个心愿，就是要当面答谢您。"

此时，财务总监抬起头，上体前倾，一副恳切的模样。

财务总监的变化让客户经理很开心，他继续说道："我们银行有很多员工住在饭店附近，每当他们家里来客人时，就会到饭店来就餐。这么多年了，饭店为员工带来了方便，我们应该谢谢您和饭店。"

听到这里，财务总监笑了，她站了起来，步伐轻快地来到客户经理面前，握着他的手说道："你看，见外了不是，要说谢，我更应该谢你们呀，饭店如果没有来吃饭的人不就麻烦了吗。"

"还是要谢你们的，刘总监，还有一件事情也要说给您听，银行里的员工在就餐时，他们经常忘记带现金。"客户经理接过财务总监的话继续说。

此时，刘总监轻轻地皱起眉头，思考片刻后说道："我明白你的意思了，我们什么也不说了，你什么时候能来安装 POS 机呢？"

到此，大家可以看到，客户经理业务推广的成功，来自于他具有很好的情商素养。

## 三、礼仪是情商的"抓手"

礼仪属于操作性学科。我们每时每刻，一举一动都在向他人展示自己是规范的、有修养的，还是不规范的、修养不太好的商务形象。

当我们走近客户，对方双脚并拢，双手分别放于体侧，规范地站立在我们面前时，我们获得了快乐的心情。因为，这是客户对我们的尊重。

同样，当我们面带笑容，语调柔和，上体略前倾地与客户交流时，对方会变得很放松、很快乐。因为，客户感受到了我们的尊重。

当我们衣着规范，女士略施粉黛，男士面容干净、清爽地出现在客户面前时，对方会不由自主地精神抖擞起来。

同样，当客户服装穿得规范、干净，头发梳理得整整齐齐时，我们也会被对方感染，并由此而心情快活起来。

当我们的有声语言不但语调柔和，语速适中，同时还能在言语的组织上考虑到对方的情绪感受时，客户会始终处于轻松愉快的氛围中。

在近几年的商务礼仪培训中，我经常以《礼仪文化——情商的"抓手"》为题，与学员共同分享礼仪与情商的密切关系。大家在认同这一观点的同时，更重要的是找到了培养、提高自己情商的具体做法，认识到了礼仪不是单纯的仪式过程、行为规范，并体悟到了礼仪背后的深刻含义，认识到了完成任何商务活动，不但要有好的想法，更需要有好的做法，好的做法才能产生好的做事质量。

**？ 习题**

1. 马斯洛的需求理论，清晰地给出了礼仪与情商的关系。请给出两者聚焦在那一层需求？

2. 通过这一节的分享，请回答自己有什么体会？

# 第二章
## 商务场合基本礼仪

## ·第一节·

# 见面问候的礼仪

在商务场合中，不管大家是初次见面还是相识已久，通常在见面时都会以不同的方式相互问候，以示友好。这些见面问候的礼节，能够营造出一个良好的人际交往氛围。

## 一、致意礼

致意礼包括点头致意、微笑致意、举手致意、脱帽致意和欠身致意等多种行礼方式。

在日常工作场所中，点头致意是一种常见的见面问候的方法，常见于以下情境当中：

（1）早上上班见到公司的同事时。

（2）与客户在同一个场合多次见面时。

（3）见到不熟悉但是曾有过一面之交的人时。

点头致意的方法是：当自己的目光与对方的目光接触时，向对方点头、微笑，同时用"早上好！""您好！"等礼貌用语问候对方。

在与他人见面时，只需注视对方，微微一笑即可。在人比较多的公共场所（比如会场、拥挤的电梯里），或者是双方的距离较远时，可仅以点头的动作、热情的目光、微笑的表情等身势语予以问候，而不必同时使用礼貌用语。

在距离较远且比较随意的场合，也可以向对方挥手致意。挥手的时候，要举起右手，左右摆动一两下。注意一定是掌心向着对方，不可以用手背朝向对方。

西方男子戴礼帽时，还可施脱帽礼，即两人相遇时摘帽点头致意，离别时再戴上帽子。有时与相遇者侧身而过，也应回身说"您好"，手将帽子掀一下即可。

在公共场所见到领导或长辈、客户时，可将身体正面朝向对方，略微欠身，同时微笑致意。

## 二、握手礼

握手礼起源于古代的欧洲，那时人们见面握手是为了表明自己手中并未握有武器，各自伸出右手与对方相握，以示友好。握手礼是当今商务社交场合最常用的见面问候的礼节。

握手时需要注意以下问题：

（1）一般来说，位尊者先伸出手，位卑者后伸出手。例如，职位高者先伸出手，职位低者后伸出手。作为主人迎接客人时，主人应当先伸手，表示对客人的热烈欢迎；送客时，客人应当先伸手，如果主人在送客时先伸手，客人可能会理解为主人急于让客人走。

有时故意忽视"尊者先伸手"这一原则即是一种控制局面的心理战术，比如，营销人员先伸出手，而顾客后伸出手，这样营销人员便占据了主动的地位。当然，具体怎样做需要具体的判断，以不招致对方反感为好。

（2）握手时一定要用右手握，用左手同别人握手是失礼的行为。伸出手时，手掌稍微倾斜，四指并拢，拇指向上，当双方虎口处（拇指与食指相连接部位）相互接触时放下拇指，并用其余四指握住对方手掌。同性之间握手时，要掌心相对方显真诚。男士握女士手时，只需握住女士四根手指即可，无须掌心相对。

（3）握手要坚定有力，不能毫不用力（西方人称之为"死鱼式握手"），也不可用力过大（好像要捏碎对方的骨头）。

（4）握手的时间不宜过长或过短。握手时间过长，尤其是握住异性的手长时间不放，是失礼的行为。握手时间过短，给人的感觉是心不在焉、走过场，同样是失礼的表现。一般来说，以 2 ~ 3 秒钟为宜。握手时要与对方有目光交流。

（5）多人相见时不可交叉握手，即当两人正在握手时，第三人不可伸出手从这两人手臂的上方（或下方）越过（或穿过）与第四个人握手，这样是对前两人的失礼行为。

（6）按照国际惯例，身穿军服的军人可以戴着手套与人握手，在社交场合，女士可以戴着与服装相搭配的手套与人握手。但在商务场合与人握手时最好不要戴着手套，否则会给对方"高傲"之感，如因特殊原因不能脱下手套或来不及脱下手套与人握手时，应当立即说明原因并表示歉意。

（7）握手的其他注意事项：不要戴着墨镜和他人握手；握手时不要心不在焉、东张西望；握手时不要一只手插在衣袋里；如果对方两只手都拿着东西，不要急于和对方握手；握手以后不要马上擦拭自己的手掌；不要拒绝与他人握手；握手时不可一只脚在门内，另一只脚在门外。

## 三、拥抱礼

拥抱礼起源于古埃及，同握手一样，互相拥抱也是向对方表示：所穿宽大的袍子下面没有暗藏武器。

正式的拥抱礼：两个人面对面站立，各自举起右臂，把右手搭在对方左肩后面，左肩下垂，左手扶住对方右腰后侧。多数地区的人会先向自己的左侧拥抱，即：按照各自的方位，先向各自的左侧倾斜身体而拥抱，再向各自的右侧倾斜身体而拥抱，最后向各自的左侧倾斜身体而拥抱，拥抱三次后礼毕。

在非正式的场合，可以比较随意（不必拥抱三次）：握住右手，用自己的左臂环抱对方肩膀，然后把上身倾向对方。转动头部，嘴不要碰触对方的面颊或领口。双方都不要碰触对方骨盆，手不可位于对方腰部以下。持续 2 ~ 3 秒钟后，放开对方，微笑，后退一步，稍微停顿一下，然后开始谈话。

## 四、贴面礼

西方国家盛行拥抱礼、贴面礼和亲吻礼，有时可能会三种礼节连续进行。

在西方，亲朋好友间见面或分手时，通常双方都会互相用脸颊碰一下，嘴里同时发出亲吻的声音，声音越大表示越热情。行贴面礼时，用右手扶住对方的左肩，左手搂抱对方腰部，身体偏向自己的左侧贴右脸、后向自己的右侧贴左脸、再向自己的左侧贴右脸，与对方贴面三次（有时也只贴两次，一般不超过三次）。多数地区的人会先与对方贴右脸，但也有地区的人会先与对方贴左脸。有时脸颊不一定真的贴上，但嘴里也会发出亲吻的声音（仅发出亲吻的声音，并不真正亲吻）。

在阿拉伯国家，两个老朋友相见时，只握手是不够的，必须相互拥抱，再行贴面礼，才能充分表达出彼此的热情。

## 五、亲吻礼

据记载，在公元前，罗马与印度已有公开的亲吻礼，人们常用此礼仪来表达爱情、友情、尊敬或爱护。

亲吻礼往往与一定程度的拥抱相结合。不同身份的人，相互亲吻的部位也有所不同。一般而言，夫妻、恋人或情人之间，宜吻唇；长辈与晚辈之间，宜吻脸或额；平辈之间，宜贴面。在公开场合，关系亲密的女子之间可吻脸，男女之间可贴面，晚辈对尊长可吻额，男子对尊贵的女子可吻其手指或手背。

行吻手礼时，需要女士主动伸出手来，男士贸然去拉女士的手亲吻是不礼貌的行为。吻手礼通常以已婚妇女为对象。行礼前，男士一般会立正、致意，女士伸出手之后，男士用自己的右手（或双手）轻轻托起女士的手，以微闭的嘴唇亲吻女士的手背或手指背面（不可吻手腕以上）。女士身份地位较高时，男士有时还会略微屈膝，或作半跪状。

## 六、欠身礼与鞠躬礼

欠身礼与鞠躬礼在日本和韩国比较常用，欠身礼为 15 度，鞠躬礼常见 30 度和 45 度。位卑者先鞠躬，且鞠躬角度比位尊者大，持续时间也较长。

鞠躬（30 度）的方法：脚后跟对齐站好，男士双手贴放于两腿外侧的裤缝处，脚尖分开 30 ~ 45 度；女士两手相握自然下垂置于身前，脚尖分开 15 ~ 30 度，保持上身、颈部、头部挺直，以髋关节为轴前倾身体（根据情况前倾角度有所不同）。身体前倾的同时，目光移至前方地面约 1.5 米处略作停顿，之后仍然保持身、颈部、头部挺直，以髋关节为轴使身体回复原位，同时目光亦回复原位。在行 15 度欠身礼时，目光可以一直看着对方（注意保持微笑）。

## 七、合十礼

合十礼常见于亚洲信奉佛教的国家和地区。这个动作除了表示问候外，还可表示"谢谢你"或"对不起"。

合十礼的行礼方法：将两手手掌对合放在胸前，并且向前稍微躬身。手掌的高度应当在胸部至眼睛之间，对方地位越高，则手掌的高度越高。

需要注意的是：切不可把合着的手掌举过头顶，只有行佛礼时才这样做。

## 八、拱手礼

### 1. 拱手礼

拱手礼是中国古代沿用至今的礼节，《礼记·曲礼上》载："遭先生于道，趋而进，正立拱手。"相传双手抱拳的拱手姿势最初是模仿于前面戴手枷的奴隶，以示尊重及谦让之意；又说拱手礼源于古代"九拜"礼俗中的"空首（先以两手拱至地，乃头至手，是为空首，以其头不至地，故名空首）"。

拱手礼主要用于春节团拜、感谢、祝贺等场合。

拱手礼的行礼方法：上身挺直，双手合抱于胸前。男子吉礼（吉祥祝福）尚左（左手在外，右手在内）。左，阳也。丧礼（吊唁哀悯）尚右（右手在外，左手在内）。右，阴也。《礼记·檀弓上》载：孔子与门人立，拱而尚右，二三子亦皆尚右。孔子曰："二三子之嗜学也。我则有姊之丧故也，二三子皆尚左。"古代女子通常不行拱手礼，而是道万福，若行拱手礼，按照"男左女右"的原则，应与男子相反：吉拜尚右，凶拜尚左。

### 2. 揖礼

若双手合抱并轻轻晃动，身体略前倾（鞠躬），称为"作揖（推手曰揖）"，表示问候、致谢、邀请、讨教等。行揖礼时，是以拱手为基本姿势，辅之以上下左右的具体动作而成的一种礼节，还常伴以敬辞、谦辞等。

拱手与作揖常常混同一礼，俗称"拱手作揖"或"打拱作揖"。身体站立略向前倾，两手合抱拱手高举，然后自上方下移，称为"长揖"；双手高高拱起但不鞠躬，称为"高揖"；屈身（鞠躬）长揖谓之"打躬"，都比双手合抱而身体不动的礼节更重。

## 九、抚胸礼

抚胸礼又叫按胸礼。具体的做法是：左手自然下垂，将右手按在左胸前（手掌掌心向内、指尖朝向左上方），眼睛注视对方或目视正前方，头部端正或微微抬起，腰微微向前躬。

抚胸礼用来表示从内心里敬重对方或衷心地祝愿，在升国旗、奏国歌等隆重场合也较为常见。

抚胸礼常与其他礼节同时使用或依次进行，例如，鞠躬的同时行抚胸礼，或先握手再行抚胸礼，或先行抚胸礼再与对方握手。

## 习题

### 一、判断正误并简述理由

1. 当我们见到任何人时，都应当主动握手。

2. 握手时应与对方有目光交流。

3. 要想表示诚意，就必须延长握手时间。

4. 面对众人演讲，开始前或者结束后可以对大家行鞠躬礼致意。

### 二、简答题

1. 和别人握手时，有哪些需要注意的问题？

2. 见面问候有哪些常用礼节？

### 三、练习

1. 找几位同伴，练习握手礼。

2. 对镜练习鞠躬礼。

## ·第二节·
# 介绍的礼仪

第一印象在商务交往中具有十分重要的意义。第一印象会使别人对你产生一个初步判断——关于你的社会地位、教育程度、经济状况、社会经验、性格特点、道德水平以及可信赖度等。这些判断强烈地影响着别人对你现在的看法以及对你将来的估计。这种印象一旦形成，便能持续很久。

据很多人才公司的猎头顾问讲，他们见到面谈对象时，在与之握手的 5 ~ 10 秒钟内就已经决定了要不要把这个人推荐给某家公司。而接下来的两小时面谈，他们是在搜集更多资料来支持先前的看法。

见面是人与人交往的开始，初次见面时的礼节是商务人员给交往对象留下良好的第一印象的重要组成部分，是取得商务活动成功的重要保证。

### 一、为他人做介绍的方法

你和一位重要客户在办公室里谈话，这时你的老板走了进来——他们并不认识。这时你应该为他们做相互介绍，否则客户会因为有陌生人进来而暂时中断谈话，老板也会因为有陌生人在场而不便与你谈重要的事情，大家都会感到比较尴尬。从礼仪上讲，如果你不把某人介绍给别人，意味着你忽视了他或她的存在（虽然你可能内心里并没有要忽视他或她的意思）。

为他人做介绍应遵从"先将位卑者介绍给位尊者"的原则，例如：

（1）先把晚辈介绍给长辈，再把长辈介绍给晚辈。

（2）先把低阶主管介绍给高阶主管，再把高阶主管介绍给低阶主管。

（3）先把自己公司的同事介绍给别家公司的同行，再把那位同行介绍给自己的同事。

（4）先把公司同事介绍给客户，再把客户介绍给自己的同事。

（5）先把个人介绍给集体。

例如，向本公司赵总经理介绍新来的员工小王时，应当先对赵总经理说："赵总经理，这是我们部门新来的员工小王。"然后再对小王说："小王，这是我们公司的赵总经理。"

在为别人做介绍时，应特别注意：虽然双方可能都是你的老朋友，但是他们却可能是第一次见面，所以一定使用尊称来称呼他们。如："李经理，这是我的同事王丽。"而不应当说："老李，这是我的同事丽丽。"介绍时可以用一两句话简要说明双方的特点，为双方提供更多的交谈内容，但切不可信息含糊或过于累赘。给他人做介绍的时候，不可以用一根手指指人，应将右手五指轻轻并拢，掌心向上略倾斜来指示。

## 二、被介绍者的礼节

（1）被介绍者一般应起立，即使由于座位过于拥挤而无法立起，也应当尽量做立起状。不起立意味着被介绍者的身份要高于对方。

（2）给予对方善意而礼貌的关注，不可表现得心不在焉，也不可让周围的其他事情分散你的注意力。

（3）握手——友好地表示信任和尊敬（位尊者先伸手）。

（4）以恰当的方式问候对方。如"您好，李经理""很高兴见到您"。

（5）交谈结束互相道别。如"再见！""再见！以后常联系！""多谢您关照，我先告辞了！"

道别的语言、动作、表情和刚见面时的语言、动作、表情同样非常重要，因为人类在记忆一连串的元素时，最前面的元素和最后的元素留下的印象尤为深刻，这在心理学上被称为"首因效应"和"近因效应"。最先的印象和最后的（即最近的）印象会更加长时间地留在别人的脑海里。所谓"善始善终"就是这个道理。

## 三、自我介绍的方法

如果你没有被介绍或没有人为你做介绍时，可以主动做自我介绍。平时应当预先准备一下自我介绍的内容，做到表达简练、清晰、真实、流畅，并对着镜子反复进行练习，直到自己认为满意为止。

在众人面前介绍自己时，可以在报出自己的姓名及工作单位后，简要介绍一下自己的工作、个人特点或爱好等。不要不顾时间连篇累牍地介绍自己（表现得过于以自我为中心），也不要什么都不说便把话筒推给下一个人（表现得很不合群）。

另外，在介绍自己名字时，可以适当使用一些方法巧妙地加深对方对自己名字的印象，比如："我叫鲁星，'山东的明星'。"这样一来，别人就会很容易记住你这位"明星"了。

## 四、记住别人名字的方法

商务人员每天都要和很多人打交道，对于见过的人，哪怕是只谈过一两句话的人，如果下次见面时能够准确无误、亲切流畅地喊出对方的名字，无疑会使对方产生极大好感，他（她）会认为他（她）在你心目中非常重要，并且在以后的交往中和你拉近距离。

那么，怎样快速、牢固地记住别人的名字呢？方法有：

### 1. 礼貌重复法

礼貌重复法即在交谈中尽量称呼对方的名字，少用"你""先生""经理"这样无名无姓的通用代词。即使用头衔和尊称时，也尽量和姓名一起连用，如"王丽小姐是哪里人？""刘青经理的报告，我已经读过好几遍了。"这样，在谈话当中不断重复对方的姓名，并在分手时再次重复对方的姓名，会帮助我们很快记住对方。

### 2. 词汇记忆法

词汇记忆法即把对方的姓名与一些可能与之有联系的词汇关联起来记忆，也可以把单个文字拆成词汇来记忆。比如"凯利"可以记为"凯旋胜利"；"李忆山"可以记成"十八子回忆大山"等。

### 3. 图像记忆法

图像记忆法即把对方的名字与对方形象中的某个特点联系起来，比如"高英的个子不太高""章连峰就是那个戴黑框眼镜的胖胖的矮个子""李红经常穿蓝色的套裙"等。此法对于擅长图像记忆的人尤为好用。

每天的日常工作结束后，可以在晚上睡觉之前回顾一下白天见到了哪些人，他们叫什么名字、有什么特点，长此以往坚持下去，你的人脉体系一定会越来越广。

## 习题

**一、判断正误并简述理由**

1. 在任何时间、任何地点、任何场合，我们都必须严格按照所学习的"正确"的礼仪规则去做。

2. 第一印象在商务交往中具有十分重要的意义。

3. 在一家以"顾客是上帝"为宗旨的公司里，应当先把客户介绍给自己公司的同事，然后再把同事介绍给客户。

4. 见面问候很重要，是否道别无所谓。

**二、简答题**

1. 为他人做介绍应遵循什么原则？

2. 被介绍者应遵循什么礼仪原则？

3. 如何牢固、快速地记住别人的名字？

**三、练习**

1. 用一句话介绍你自己。

2. 用 1 分钟时间介绍你自己。

3. 用 5 分钟时间介绍你自己。

4. 虚拟场景：为你的老板和客户做介绍。

## · 第三节 ·
# 使用名片的礼仪

名片是一种给别人留下你的联络方式的简单易行的方法。在不同的场合应当使用不同的名片，这样可以给对方留下不同的印象。一般的社交名片只印姓名、电话、传真、地址、E-mail，而商务名片则加印公司名称、办事处地址、职衔等。在与客户交往的场合应当使用商务名片，给对方正式的、可信的感觉；与一般朋友交往时，应该使用社交名片，否则职务、头衔等会使对方产生疏远的感觉。

在商务社交场合，我们需要经常使用名片，并且在递接名片时应当遵循一定的礼节。

## 一、递送名片

通常职务低者先递出名片。

自己的名片应放在名片夹中，装在伸手可及的地方（如西服的内袋或公文包里），以便随时取出。经常与陌生人打交道的商务人员，平时一定要携带充足数量的名片，这样才能抓住每一个商务机会。

赠送礼品、鲜花时，可以附上名片；拜访客户时，即使对方恰巧不在，也可以留下名片，便于客户联系。

名片代表着你的形象，应当保持干净整洁，不可将折叠或破损的名片送给别人。因此，精致的名片夹不失为一个明智的选择。自己的名片应当放在便于拿出的地方，比如公文包的最外侧夹层里。

递送名片应用双手递出，以示对对方的尊重。递出名片者应将名片文字正面与对方视线方向一致，这样对方接受名片后可以直接阅读。同时向多人递送名片时，可按照"由尊而卑、由近而远"的顺序依次递送。

## 二、接受名片

接受他人名片时，应当用双手或右手接过来，同时表示感谢并立即阅读。如有任何疑问应当立即问明（如某些多音字等），以免事后尴尬。他人的名片应当恭敬地收在妥当的地方（如西装内袋或公文包里），不可随意乱放，也不宜当着对方的面放入自己的裤子口袋。

收好对方的名片以后，应当随之递上自己的名片。如果你接收了对方的名片，却不递上自己的名片，也不向对方说明原因，这是不礼貌的行为。

商务人员每天都有很多机会能够得到名片，日积月累便能够成为一张一张威力巨大的"关系网"。大量的名片一定要定期分类整理，条件允许的话，还可以根据名片建立电子版本的通讯录，使其发挥出最大作用。

## 三、名片的设计

名片是商务人员日常社会交往中不可缺少的小道具，被很多人称为"第二张脸"。所以，设计、制作名片时应多花一些心思，使它能够反映出你独特的品位与风格，能够一下子吸引对方的注意力，给对方留下良好的、深刻的印象。当然，每个企业的名片都有一定的模式，但是如同职业服装一样，只要你多动脑筋，也一样能够展现个人的魅力。

常见的名片设计有横、竖两种版式。

（1）横式：行序自上而下，字序自左至右。

参考格式：

第一行：单位图标、名称（顶格书写）；

第二行：姓名（字号较大，居中），若有职务或职称等以小字标于姓名右下侧；

第三、第四行：通信地址、邮政编码、电话、E-mail。

（2）竖式：列序由右至左，字序由上而下。

参考格式：

第一列：单位图标、名称（顶格书写）；

第二列：姓名（字号较大，居中），若有职务或职称等以小字标于姓名左下侧；

第三、第四列：通信地址、邮政编码、电话、E-mail。

印制名片一定要选择质量上乘、做工精美的纸张，不可在这方面过于吝啬。要知道，这小小的名片体现的是"品质"和"态度"，切不可大意！

## 习题

**一、判断正误并简述理由**

1. 见到客户单位总经理时，要等对方给自己递出名片以后，再向对方递出名片。

2. 接过对方递过来的名片以后，应当立即放到裤子口袋里。

3. 要那么多名片没有用处。

4. 印刷名片是件小事，顺手就能做了。

**二、简答题**

1. 递送名片有哪些注意事项？

2. 接受名片有哪些注意事项？

**三、练习**

1. 为自己精心设计一张名片，然后找专业店制作出来，立即开始实际使用。

2. 找几个同伴，模拟不同的场景和不同身份，练习互相交换、递送、接受名片。

**·第四节·**

# 商务通讯礼仪

作为商务人员，电话与电子邮件是必不可少的重要工具。一次礼貌的接听，可能会将"准顾客"变成"顾客"；而一封失礼的电子邮件，则可能会让顾客投入竞争者的怀抱。

## 一、接打电话的一般方法

### 1. 接打电话的仪态

（1）上身正直，这样有利于保持视野开阔、呼吸顺畅的状态，对身心健康都有重要作用。打电话的时候对方无法看到你的表情，因此你的语音语调显得比平时更为重要。用清晰、规范的语言，适中的音量和语速，平稳、柔和、愉快的音调接打电话，对方才能感受到你良好的职业素养和热情的态度。尽管对方看不见你的微笑，但是却可以"听见"你的微笑。

（2）左手持电话听筒，使右手能够方便地持笔记录谈话内容的要点。如果你习惯用左手写字，那么就用右手持电话听筒。

（3）双脚放在地板上，不可跷二郎腿，也不可身体歪斜，否则会影响发声。懒散的姿势会让你的声音听上去也很懒散。如果你打电话的时候弯着腰、驼着背趴在桌子上，对方听到的声音就是有气无力、无精打采的。只有姿势端正，身体挺直，所发出的声音才会亲切明朗、充满活力。

（4）服装简洁、整齐、庄重，如果服装怪异、休闲，会影响心态，继而导致声音的"非职业化"。

（5）在商务场合中，千万不能一边打电话一边嚼口香糖或吃东西、喝水，否则对方会感到你对他非常不尊重，你的职业形象也会因此大打折扣。

### 2. 商务电话范例

接电话或打电话时应当按照一定的程序进行。请看下面的范例。

（电话铃响过两声之后，接电话者——吴玫，将声音调整到"微笑"状态并拿起了电话。）

吴玫：国际公司市场部。您好！

张骞：您好！我是中华公司业务部的张骞。请问王琦明经理在吗？

吴玫：在，请稍等。（将电话交给王琦明）

王琦明：您好！我是王琦明。

张骞：您好！我是中华公司业务部的张骞。您订的货今天已经到了，我打算早点儿给您送过去。您看什么时间方便？

王琦明：明天可以吗？

张骞：可以。明天几点？

王琦明：明天下午三点，送到总务科，交给赵红。

张骞：（重复刚才的要点并在纸上做记录）好，明天下午三点，交给总务科的赵红。支票也由赵红交给我，是吗？

王琦明：是的。

张骞：好的。打扰您了！

王琦明：不用客气，再见！

张骞：再见！

## 二、接打电话的礼仪要点

（1）在电话铃响 2～4 声时接听。

（2）接、打电话的双方都应当主动通报自己的单位、姓名，避免出现"寒暄了 10 分钟后某一方还没搞清对方是谁"的情况。如果预计谈话时间可能较长，打电话的人应当首先询问对方现在谈话是否方便，给对方留下"通情达理、善解人意"的印象，会对谈话结果有积极的作用。

（3）长时间外出，应交代清楚自己的去向与联系方法，否则容易失去很多机会。可以由同事转告，也可以用录音电话"代劳"。

（4）电话机旁应常备纸和笔，随时做好记录。必要时重复确认重要信息，避免记录错误。

（5）若是拨打公务电话，应当尽量在对方上班10分钟以后或下班10分钟以前拨打，给对方留出比较从容的应答时间。如果没有紧急事件，不要在对方休息的时间之内打电话（比如早晨7点之前、晚上10点之后、午休时间等）。打电话也应尽量避开对方可能正在用餐的时间。

（6）电话拨通后，如果铃响三四声后无人接听，不要急于挂电话，要耐心等到铃响七八声后再挂断，避免对方刚好拿起电话时断线。

（7）如果拨错了号码，一定要说"对不起，打错了，再见"，然后再挂断。现在很多电话都有来电显示功能，不说话就挂断，别人会把你的号码列入"黑名单"。在接到打错了的电话时，应当宽容待人，不要说一声"神经病！"然后"砰！"的一声挂断电话。

（8）打电话时，如果需要拜托接电话的人替你叫另一个人接电话，应当客气地说话，比如："麻烦您帮我找一下刘立，好吗？"不可以以命令的语气要求对方："叫刘立接电话！"

（9）接电话时，如果对方要找的人不在，应当礼貌地询问对方是否需要留言，而不应当盘问对方："你是谁？你找他什么事？"你可以这样问："您是一会儿再打过来，还是给他留言呢？"这样就把是否由你转告的主动权留给了打电话者，他（她）会觉得你非常尊重他（她）。

记录留言时应当注意：

①要从留言者的角度来记录，有疑问的地方要立刻确认清楚；

②人名、日期、时间都要书写清楚；

③通话结束之前，应当向留言者复述留言要点，请对方确认；

④把留言记录本放在桌上显眼的地方，以免自己忘记转告当事人；如果使用的是留言条，则应当用胶带粘在显眼的位置，以防遗失；

⑤把留言条交给当事人的时候，还应同时口头传达一次。如果对方要

找的人刚好出差了，而对方又有紧急的事情，那么在不泄密的前提之下，可以把出差人的电话号码告诉对方；也可以直接和出差的人联系，由出差人再和对方联系。

（10）切忌接到找别人的电话后先问对方是谁，然后再告诉对方要找的人在不在，这样对方会误以为你是"因人而异"。

（11）通话过程中如果线路突然中断，应当由打电话的人重拨。

（12）需要结束通话时，一般由打电话的一方提出结束通话的意向，然后双方明确地以"再见"作为结束语客气地道别，再轻轻挂上电话（一般是尊者先挂断），不可只管自己讲完就挂断电话。

（13）如果接到从本公司外部打来的询问或调查公司内部情况的电话，应当先记下对方的电话号码，告诉对方过一会儿再回电话，然后报告上级，并在得到指示之后再做处理。

（14）电话免提功能常用于商务电话会议或电话采访，如果是一对一通话，使用免提功能之前要征得对方的允许。

## 三、使用移动电话的礼仪

目前，移动电话已经成为人们必须随身携带的、不可缺少的通信工具，它为我们的工作带来了极大的方便。但使用移动电话时一定要考虑到周围的人，不要因为自己的电话而干扰别人。

（1）在从事商务活动时，应当把移动电话放在公文包或手提包中，不要挂在脖子上或挂在腰带上。

（2）在公众集会场合以及重要公务场合，必须关闭移动电话或将铃声模式转为"静音"状态。在影剧院、博物馆、音乐会、课堂、会议室里，不要打移动电话，也不要让铃声干扰别人。会见重要客户之前，一定记住"安置"好自己的手机，不要让谈话因为铃声而中断。要知道，这样的"偶然"因素也许会把生意搞砸！

（3）与他人会面（用餐）时，如果实在有重要电话要接，在铃声响起之后应当向会面的人说声"对不起"，然后到方便的地方接听，通话时间不要太长。当着别人的面旁若无人地打电话是不礼貌的。

（4）在公众场合打移动电话时，要尽量找人少的地方并控制自己的音量。

## 四、常用电话礼貌用语

"您好/早上好/下午好！××公司××部（我是××公司的××）。"

"您好！××公司××部，××（姓名或工号）为您服务，请问有什么可以帮您？"

"请稍等，我马上……"

"不好意思，让您久等了。"

"很抱歉，他现在不在，估计××（时间）能回来。您是方便再打电话，还是留言呢？"

"（对方留言后）我再确认一下，您的电话号码（或其他要点）是……吗？好的，一定为您转达过去。"

"很抱歉，我这里是技术部，不是您要找的销售部。销售部的分机是×××，我给您转接过去好吗（不好意思，麻烦您再拨一遍好吗）？"

"请问，还有什么需要我为您做的吗？"

"谢谢！"

"再见！"

## 五、使用电子邮件的礼仪

电子邮件与传统信件相比具有方便、快捷、经济、高效等优点。和传统的通信方式一样，在收发电子邮件时也应当注意遵守基本的礼仪。

### 1. 注意保密

一般单位的文件秘密级别可以分为"绝密""机密""密""普通"等四个级别。只有其中的"普通"文件可以用电子邮件通过因特网发送。凡带有"密"字的文件只允许在单位内部局域网络的保密范围内传送，严禁用电子邮件通过因特网发送。

### 2. 在地址输入框内，准确无误地键入对方的邮箱地址

填写完毕后一定要再次检查，避免误将邮件发送给他人。回复他人邮件时，一定要再次检查收件人地址是否正确。

### 3. 慎重使用邮件群发功能

商务人员在日常工作中，常常会遇到需要将同一内容的邮件群发给很多收件人的情况。需要特别注意的是，一定要分清楚发送邮件时的"并列收件人""抄送""密送（有的邮箱称之为'暗送'）"功能的区别。

首先，要了解在邮件发送操作中有下面几个概念：

（1）收件人地址：收件人是你所发送邮件的接收者，你可以直接填写他的邮件地址，或者点击通讯录中的联系人来添加。收件人可以并列多个，通常以分号隔开。

（2）抄送地址：点击"添加抄送地址"打开抄送地址输入框，抄送地址也是你所发送邮件的接收者，你可以直接填写对方的邮件地址，或者点击通讯录中的联系人来添加。

（3）暗送地址：点击"添加暗送地址"打开地址输入框，暗送地址也是你所发送邮件的接收者，你可以直接填写他的邮件地址，或者点击通讯录中的联系人来添加。对方收到邮件时，收件人和抄送人的邮箱中不会显示暗送人地址。

群发邮件时，可以采用以上所述的"并列收件人""抄送""密送（暗送）"三种形式之一。

如果你给某人和其他人一起发邮件时，不介意大家知道你在同时发给其他人，则可以使用"收件人"和"抄送"地址栏。信件的所有收件人都能够看到其他收件人姓名以及你指定为"抄送"的收件人地址，但看不到"密送"中所列的地址。

"密送"代表"不显示的副本"。这与"抄送"功能极其相似，只不过"密送"的收件人姓名、地址不会被其他收件人看到，而"收件人"和"抄送"字段中的收件人地址彼此都能看见。

假如你给很多客户一起发邮件，此时就不应当使用"并列收件人"和

"抄送"，否则原本不认识的客户之间，可能通过你的邮件，得到了其他不认识的客户的姓名和邮件地址。而泄露客户个人信息的人，就是你了。此时，使用"密送"更为妥当。

但是，即使是"密送"也要慎重使用，因为对方的邮箱可能还有"全部回复"的功能。不同邮箱的"全部回复"功能不同。我们再来看两个回复操作中的概念：

（1）回复：选择一封邮件，点击"回复"链接，将进入写邮件页，回复邮件给发件人。此功能是一对一形式，"谁发给我，我就给谁回复"。

（2）全部回复：选择一封邮件，点击"全部回复"链接，将进入写邮件页，有的邮箱的"全部回复"功能，是回复给发件人在发送该封邮件时所填写的"发件人"和"抄送"地址栏中的所有邮件地址。在有些邮箱中"全部回复"不回复给并列收件人，所有并列收件人地址在收件人的收信页面中都能看到。"抄送"的所有地址可以被"全部回复"，并列收件人则不能直接"全部回复"。这就是某些邮箱"并列收件人"和"抄送"的区别。

注意，有的邮箱的"全部回复"功能很强大，是回复给发件人在发送该封邮件时填写的所有"并列收件人""抄送""密送"中的全部邮件地址。也就是说，如果对方邮箱具有密送"全部回复"功能，那么无论你是使用"并列收件人""抄送"还是"密送"，当对方点击"全部回复"时，你群发的所有邮箱姓名、地址都将出现在回复邮件页面的"收件人"输入框中。也就是说，无论你是否"密送"，都无法真正保密。这样不但客户名址全部泄露，而且更严重的情况是，如果回复人也是个马大哈，随便点了"全部回复"而没有注意到"收件人"输入框中自动跳出了那么多人的地址，那么他给你一个人回复的邮件，有可能同时发给了一群不相干的人，这会给我们的工作带来极大的麻烦。

综上所述，商务人员一定要慎重使用群发邮件功能。发给重要人物的重要邮件一定要一对一单独发送。在进行群发操作之前，要慎重考虑所采用的操作方式是否妥当。发送不重要的通告式非保密邮件时，可以在特定地址非保密组群里以三种形式群发，但要根据对方邮箱的特性，慎重选择群发方式。

### 4. 在主题输入框内，必须简明扼要地书写邮件主题

电子邮件的使用已日渐普及，你的发送对象也许每天要收到很多电子邮件，其中会有很多来历不明的无主题邮件。由于网络世界出现了很多随电子邮件传播的计算机病毒，所以很多使用者都被计算机专家告知"一定要删除来历不明的、尤其是无主题的邮件，千万不要去阅读它!"

所以，当你发送电子邮件时，一定要在"主题栏"填上明确的主题，以免自己的邮件遭受未被阅读便被删除的命运。

如果你所发送的电子邮件带有附件，那么一定要在正文中说明，否则有可能被对方忽略。如果附件所使用的软件比较特殊，应当向对方说明使用方法。另外，考虑到对方邮箱的容量，所发送的附件容量不要过大。

### 5. 注意使用传统的信函格式

商务人员发给领导、同事、客户、老师、长辈、同学等人的工作邮件或非亲密关系社交邮件，都必须使用传统的信函格式。

传统的信函格式，包括称谓、问候语、正文、敬祝语、具名语、日期六个部分。

（1）称谓：书信中的称谓是写信人对收信人的称呼，它表示写信人与收信人的关系。称呼写在第一行，要顶格写，后面加冒号。对收信人的称呼要根据发信人与收信人的关系来定，还要考虑具体情况。例如："敬爱的李部长""尊敬的张经理""李老师""王先生"等。直呼其名只限于较亲密或熟悉的人之间。书信最后的署名也要按照自己和收信人的关系来写，与开头的称呼相对应。

（2）问候语：称谓之后，另起一行空两格，书写问候语，如"您好!""近来身体可好?""最近工作一定很忙吧!"等。

（3）正文：正文书写时要另起一行空两格。继续书写内容时，可以转行分段叙述，每一段开头空两格。

（4）敬祝语：敬祝语位于正文后，一般是表示祝愿或敬意的敬语、祝词。在公务书信中，即使是最简洁的信件，也不可省略敬祝语，否则会失去公务信件的正式感。具体的敬祝语应根据双方的关系来定。敬祝语由两部分组成，前一部分（如"此致""祝颂""祝""谨祝""预祝"等）应单独占一行，左起空两格；后一部分（如"敬礼""最诚挚的敬礼""安

康""工作顺利""身体健康""节日愉快""一帆风顺"等）必须另起一行顶格写。

（5）具名语：具名语是写信人的姓名加身份和修饰语，要与称呼相适应，写在敬祝语的右下角区域。

（6）日期：日期是传统邮件必需的部分，写在具名语的下面略靠右。电子邮件上通常自附发送时间，遇到一天之内频繁往返发送邮件的情况时，可以省略日期。

### 6. 邮件内容应简明扼要

由于人们工作节奏越来越快，发邮件时除了附加的必需文件外，正文的内容一般不要超过两页，以免对方没有时间和耐心读完你的邮件。如果发送的是长篇的资料，应选择以附件形式发送。每次所发的附件不可过大，要考虑到对方邮箱的容量大小。附件过大时可分几次发送，便于对方查收。发送附件时应以正文说明，正文不可为空。

### 7. 邮件用语要礼貌规范

撰写英文邮件时不可全部采用大写字母，否则像是在向对方"吼叫"。慎用网络流行语。人们在网上"聊天"时常常使用一些符号表示一定的语气或表情，如"：)"表示"微笑"，而"orz"表示你在"逗笑"等。在比较正式的商务邮件中应当慎重采用或避免采用这些符号，除非你和对方已相当熟悉。

### 8. 发送之前一定要仔细校对

写完电子邮件之后，一定要先仔细校对一至两遍，然后再发送出去。人在一边思考一边打字时很容易出错，而电子邮件的特点是一旦按下发送键，信件马上就会被对方收到。万一产生错误，会使你和你的公司形象受损，某些错误甚至会造成经济损失。因此，发送之前一定要反复核对收信人地址、主题、附件以及正文文字是否正确、语气是否恰当。

### 9. 重要邮件发送后可短信告知对方

重要或紧急的邮件在发送之后，可以用手机短信提醒对方查收。短信内容要简明扼要，阐明重点，措辞礼貌。

### 10. 定期查看邮件并及时回复

如果你使用电子邮件与客户交往，那么你每天至少要上网查看一次电子邮箱。人们使用电子邮件的重要原因之一便是它的快捷的特性，假如你过上一个星期才想起来看一次邮箱，恐怕会失去很多机会！

收到邮件后要尽快回复，即使你无法立即回答对方问题，也应当马上回信告知对方来信已收到，之后再择时另发邮件予以具体回复。

### 11. 定期整理邮箱

收到重要邮件要及时拷贝保存，垃圾邮件也要及时清除。如果收到的邮件没有标题，同时发信人也很可疑（或者标题和发信人看上去都很可疑），最好不要打开这封邮件，并将它"永久删除"；也可以先使用杀毒软件扫描之后再打开，以确保计算机安全。平时所使用的计算机杀毒软件也应随时更新。

### 12. 尊重他人隐私

在接到别人的信件后，未经发件人同意，不可随便将来信转发给其他人，这与使用传统邮件时不可将别人寄给你的信公之于众是一个道理。

## 习题

### 一、判断正误并简述理由

1. 发电子邮件时，忘记在主题栏里填写内容算不上错误，没什么大不了的。

2. 接电话时应在铃响 2 ～ 4 声时接听。

### 二、简答题

1. 使用电子邮件应当遵守哪些基本礼仪？

2. 接、打电话应当遵守哪些基本礼仪？

### 三、练习

使用电子邮件发送信息。在收件人一栏打上自己的电子信箱地址，给自己发一封公务信件。然后作为信件接收方，感受一下信件格式、所用文字、语气是否恰当。

# ·第五节·
# 办公室礼仪

　　办公室是商务人员处理日常工作的重要场所。在这里你会与同事们朝夕相处，还会经常在这里接待客户。因此，创造一个有利于事业成功的办公室环境是非常重要的。通常应当注意：

　　（1）保持办公室环境干净、整洁，物品摆放井然有序。从办公桌的状态可以看出工作人员的工作状态。任何时候桌面都井然有序的人，一般来说工作也会做得干净利索、一丝不苟。为了更有效地完成工作，办公桌上应当只摆放手头正在处理的工作的有关资料。如果工作人员暂时离开座位，应将文件覆盖起来，保密的资料应当随时收存。在每天下班前应做好第二天的准备工作。下班时，桌面上除了台式计算机以外的其他工作物品或资料都应该收起来，放进抽屉里或文件柜中，椅子要归位。

　　（2）在办公室里不要使用不雅、戏谑的绰号或昵称。这是因为虽然有时使用"老鬼头""宝贝儿""小子""丫头"等称呼会使双方显得亲近，但是在工作场所使用此类称呼会在别人心目中降低此人的身份，有损于他（她）的专业形象。

　　（3）保持良好的仪态风范。不要匆匆忙忙地走路，也不要慌慌张张地做事。正确的走路姿态应当是安静的、稳重的，不要一边走路一边大声说笑，以免干扰别人办公。人的心理与行为有互通作用，心里慌乱则会手忙脚乱；反过来如果能够保持动作的稳重有序，内心的慌乱也容易慢慢平息下来。如果没有火灾、某人突然晕倒等突发意外情况，一般不允许在工作场所内跑动（可以快走）。微笑要恰到好处、落落大方。站立时要收腹挺胸，给人以精神饱满的感觉。坐姿须稳重，背要直，不要跷腿叉脚、歪肩斜背，或瘫坐于椅子或沙发上。不要坐或倚靠在桌子、工作台或设备上，手不要放在衣袋里。

（4）控制自己的声音。一个人如果说话声音坚定而洪亮（并非大喊大叫），那么在别人看来他（她）是充满自信的。我们听到的自己的声音，和其他人听到的是不大相同的。用录音机录下自己的声音，可以帮助我们分析自己的音质、音调、语速。如有机会可以专门学习发声方法。

（5）穿着打扮应当符合本行业、本企业规范，具有职业风范。

（6）遵守各项规章制度，不迟到，不早退。

（7）敲门的礼节。办公室关着门时如果有人敲门，门内的人根据敲门的位置和声音就可以判断来人的情况——是自信的还是自卑的，是情绪急躁的还是情绪稳定的，等等。因此掌握敲门的礼节很重要。敲门时手的高度应当在距离地面 1.6 米左右，用力适中，节奏稳定，不急不慢。如果门口装有门铃，应当按门铃而不要敲门。通常门铃只按一次即可。如果无人应答，应当间隔 10 秒钟以后再按。另外，开 / 关门时注意不要用力过猛，以免引起他人不悦。

（8）递接物品的注意事项：尽量用双手递接物品以示尊重。不能用双手时，应用右手递送物品。递接物品时不可以尖端对人。递给客户笔、刀子、剪刀等物品时应当自己握住尖端，把安全的一端递给客户。

（9）不要霸占公用的传真机、复印机、打印机，要爱护这些设备，并且充分考虑其他人的需要。如果对这些设备不熟悉，则应先阅读使用说明书；如果同事们不忙，也可向他们请教。千万不能随意乱用，或者粗暴对待这些设备，比如在复印机不工作时猛砸复印机，或者在传真机卡纸时硬从传真机内向外拽那些卡住的纸张。在设备使用的高峰时间内不要长时间占用设备。设备使用完毕后应当调整至常规状态。

（10）关心他人，关心集体，言行举止庄重优雅，尊重他人。如果有尊者来办公室拜访，应当站起来打招呼以示尊重。注意尊重他人的空间和隐私，闲来无事的时候不要随意进入他人办公室去打扰别人，更不要不顾别人是否有工作要做而一味闲聊。尤其注意不要对别人评头品足，不要无意中传播是非或未经证实的小道消息。工作时间如果有事要外出，应当事先和领导或同事交代清楚自己的去向以及需要同事帮忙代办的工作。与人交谈时使用礼貌用语。

（11）如果在办公室里用餐，用餐完毕之后，所用的一次性餐具要立刻扔到卫生间的垃圾箱里，不要长时间摆在办公室里。不要带具有很浓烈气味的食物（如臭豆腐）到办公室来。用餐的时候不可将汤汤水水溅得到处都是，也不可发出很大的响声。如果食物掉在地上，最好马上捡起来扔掉。餐后必须打扫桌面和地面。用餐时如有客户来访，一定要立刻收起餐具。用餐完毕之后，要去洗手间漱口或刷牙，并整理仪容仪表。

（12）使用卫生间的礼仪。如果你想了解某个企业的员工素质以及企业管理水平，可以先去看看该企业的卫生间。如果你看到的都是没冲水的马桶，说明使用该卫生间的大多数人缺乏自律性和团队意识；如果你看到下水道已经堵塞或水龙头正在漏水，说明该企业的管理有很大问题和漏洞。有人总结出卫生间九大恶劣行为：不冲水、用脚踩冲水把手、弄脏地面、乱扔东西堵塞下水道、不节约使用卫生纸和洗手液、不关门、不敲门、占用卫生间时间过长、不排队。除此之外，在洗手的时候，还应注意不要把水溅出盆外或到处乱甩。排队时，应从洗手间的门口开始排队。不要直接走到某个小门前排队。

## 习题

**一、判断正误并简述理由**

1. 在办公室里见到熟悉的老客户，可以用他（她）的小名或绰号来称呼他（她），这样显得更加亲切。

2. 如果有重要客户来公司拜访，为表示热情，我们应当一口气跑到公司大门口去迎接。

3. 卫生间不是办公室，可以聊聊科长的家事。

**二、简答题**

1. 在办公室里要注意哪些礼仪规范？

2.请客户签字时，应当怎样递出手中的签字笔？

三、练习

1.用录音机录下自己讲话的声音，分析发音、语速、音量是否处于理想状态，并反复练习商务电话范例。

2.请一位同伴帮助，练习"最佳敲门方法"。

3.找一把小刀、一把剪刀、一支笔，请一位同伴帮助练习递接物品的方法。

# 行进与位次礼仪

商务人员在每天的工作当中，时常会与同事、客户同行，有时还会坐下来和对方进行深入的沟通和交流。在这些过程中，有很多礼仪的细节问题需要商务人员加以注意。

## 一、行走时的礼仪

商务人员与同事或客户在道路上行走时，一定要遵守交通法规及行进礼仪：

（1）行走时，应当在人行道内行走，没有人行道时要紧靠道路右侧行走。行人不得进入机动车或非机动车行车道，也不得进入高速公路、高架道路等封闭式的机动车专用道路。

（2）行人横过车行道路时，如果道路上设有行人过街天桥或者地下通道等过街设施，行人首先应当从过街设施内通过；没有过街设施的，才能从人行横道线内通过；没有人行横道线的，则要求在确认安全的情况下直行通过。行人横过车行道路时，要注意观察来往车辆的情况，不可在车辆临近时突然加速横穿，也不可在中途倒退、折返。

（3）行人通过有交通信号灯的人行横道时，应当遵守人行横道交通信号灯的规定；未设置人行横道交通信号灯的路口，应当遵守机动车交通信号灯的规定。绿灯亮时，准许通行。红灯或黄灯亮时，禁止通行。但是已进入人行横道的，可以继续通过。如果机动车遇绿灯放行已经临近时，行人不应当再前行，可以在道路中心线的地方等候通行。

（4）不要跨越、倚坐道路隔离设施，不得扒车、强行拦车或者实施妨碍道路交通安全的其他行为。

（5）通过铁路道口时，应当按照交通信号或者管理人员的指挥通行；没有交通信号和管理人员时，应当在确认无火车驶临后，迅速通过。

（6）与尊者一起在道路上行走时，应请尊者走在远离快车道的安全一侧。多人行走时，尊者通常居中或居前；两人行走时，尊者通常居右。遇到尊者不认识路需要引领时，引领者方可居于前侧方，一边走一边略侧身为尊者指示方向。

（7）与工作交往对象一起行走时，要注意保持自身形象。两人并排行走时，不要携手、挽臂、搭肩、搂抱；多人行走时，应列纵队前行，不要阻塞道路妨碍他人行走。

（8）路遇熟人时应与对方打招呼，若需交谈则应靠边站立，不要挡住他人的去路。行走时若遇到他人站立谈话，应绕路而行，不要从谈话人之间穿过。

（9）通过门厅或狭窄的路段时要礼让他人，请尊者先行。

（10）行走时仪态应端庄稳重、表情应自然，不要目中无人或盯着别人看，也不要尾随于其他人身后，甚至对其窥视、围观或指指点点。

（11）行走时不要在他人居所或单位附近进行观望，不要擅自进入他人草坪、花园等处。

（12）行走时不要吃、喝或吸烟。

（13）行走受阻时，应说"对不起，请让我过去"等礼貌用语。不小心碰到别人或踩到别人脚时，应立刻道歉。

（14）在人多拥挤的地方应动作稳重，与他人行走速度一致，不要嬉笑、打闹、逗留或大声喧哗。

## 二、上下楼梯的礼仪

（1）无论上楼梯还是下楼梯，都应尽量单行、右行，这样可以避免在楼梯转弯等处与他人碰撞。

（2）上下楼梯时应稳重慢行、礼让他人。迎面遇到尊者上下楼梯时，应在距离尊者约3个台阶的地方停住并靠边站立、同时面向对方微笑致意，待尊者走过之后自己再继续行进。

（3）与尊者同行时，从安全的角度考虑，上楼梯时应请尊者先行，下楼梯时应请尊者走在自己身后。

（4）上下楼梯时不要拥挤抢行。

（5）不要在楼梯上坐卧停留。

## 三、乘电梯的礼仪

电梯是高层建筑中必不可少的公共服务设施，也是很多商务人员每天必乘的交通工具。正因为电梯是一个公共场所，所以搭乘电梯的商务人员要特别注意遵守乘电梯的礼仪，否则轻者会对自身形象和单位形象产生不良的影响，重者会妨碍他人的乘梯安全。

（1）等待电梯时，应靠电梯门的两侧站立，自觉排队，礼让尊者。与尊者同行时，应主动按下目标方向的电梯按钮，如果电梯按钮指示灯已亮，就不要再反复按下或敲打按钮。等待电梯时要尽量保持安静，不要旁若无人地大声喧哗。

（2）入电梯时要按次序行进，不要拥挤抢行。与尊者同行时，如果电梯里已经有人在操控电梯了，此时应请尊者先行进入电梯。为保证电梯门不会关闭夹住尊者，可以在自己进入之前按住电梯门外与电梯行进方向相符的按钮。进入无人操控的电梯时，陪同尊者的人员当中应有一位先进去操控电梯，其他人按照"尊者先行"的原则依次进入。

电梯到达某层时，应主动按住"开"的按钮，提示大家所到楼层。所有人员出入完毕时，应询问刚入电梯者："请问您要到几层？"然后帮其按下数字钮。电梯到达自己要去的楼层时，一手按住开门钮，另一只手挡住门，待其他人走出电梯后，自己随后出来。

（3）出电梯时要请尊者先出。遇到人多拥挤的特殊情况时，最靠近门的人应先出去按住门外与电梯行进方向相符的按钮，这样可以为尊者让出通道，并且能够控制住电梯门，保证电梯门不会自动关闭夹住他人。

（4）如果刚进入电梯就听到电梯满员的提示音响起，应立即主动下来，不要长时间不动等待他人离开。

（5）进入电梯后应寻找合适的站立位置，不要妨碍后面的人进入电梯；有其他人要出电梯时应主动礼让。

（6）乘电梯遇到陌生人时也要保持礼貌，表情、目光要温和有礼。别人为自己按楼层按钮、让路时，要立即道谢。人多拥挤时，在下电梯之前要提前换好位置。上电梯后自己无法按楼层按钮时，应当请靠近按钮的乘客帮助自己："劳驾，请您帮我按第8层，谢谢！"非不得已情况下，尽量不要碰触他人。无意中碰触他人或踩到别人的脚时，要立刻道歉。公事和私事都不宜在电梯里与他人讨论。

（7）发生火灾、地震等危险情况时禁止乘坐电梯。

## 四、乘坐小轿车的礼仪

### 1. 座次安排

商务人员在工作及参加各项活动的过程中，会经常遇到与同事或客户一起乘坐小轿车的情况。乘坐小轿车时，应当特别注意座次的安排方法。按照国际惯例，小轿车的座次安排分为两种情况（以双排五座轿车为例）：

（1）当专职司机驾车（如乘坐出租车）时，其排位自高至低依次为：后排右座、后排左座、后排中座、副驾驶座，如图2-1（1）所示。在商务活动中，此时的副驾驶座则被称为"随员座"，循例专供秘书、翻译、警卫、陪同等随从人员就座，便于帮助后排右座的贵宾开关车门、为司机引路，还方便与出租车司机结账。

（2）当主人或领导（如总经理）亲自驾车时，其排位自高至低依次为：副驾驶座、后排右座、后排左座、后排中座，如图 2-1（2）所示。当主人或领导亲自驾车时，若一个人乘车，则必须坐在副驾驶座上；若多人乘车，则必须推举一人坐在副驾驶座上，不然就是对主人或领导的失礼。

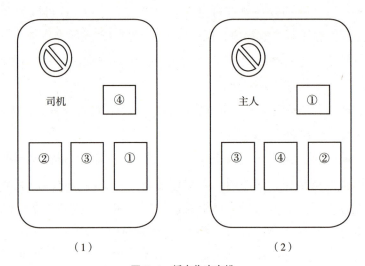

（1）　　　　　　　　　　　　（2）

图 2-1　轿车位次安排

### 2. 乘坐礼仪

乘坐轿车时，要礼让尊者并严于律己。不要带危险品乘坐轿车，不要抢占座位。不要将自己的物品放在别人的座位上，不要在轿车上脱鞋、更衣、吸烟、吐痰、乱扔杂物、吃气味强烈的食物、使用浓烈的香水。

上下车时，如果碰撞或踩踏了他人，要立刻道歉；别人将尊位让给自己或帮助开关车门时应当立刻道谢。如有必要挪动他人物品时，务必先征得他人的同意。对司机也要有礼貌。

在迎送客人时，如果客人职位很高或年纪较大，可以礼貌地辅助其上下轿车，具体动作是：一只手握住开门的把手将门打开，同时另一只手臂放在轿车顶部的下缘，这样可以保护客人，避免客人上下轿车时碰到头部。需要注意的是，如果客人信奉伊斯兰教或佛教，或者对于他人碰触自己头部比较反感，则不要采用此种方式，只用右手为客人开关车门就可以了。

### 3. 上下轿车的规范动作

（1）上轿车的动作：男士入座的时候要面向前方，保持上身挺直，先将一只脚迈进车内，随后向下侧移身体坐到座位上，等上身坐稳之后，再把另一只脚收进车内。不要低头弯腰撅着臀部往车里钻，这种姿势特别不雅。

女士穿裤装时入座方法可与男士相同，而穿裙装优雅的方式是：上车时不要先迈腿，而是先将身体背向车厢入座。坐定后，双手扶稳，保持双腿双脚并拢状态，双腿移至车内，继而调整体位至标准坐姿之后关上车门。

（2）下轿车的动作：下车时先打开车门，略调整体位，移近车门。保持双腿双脚并拢状态，双脚同时移出车外在地面上踩稳，然后双手助力将整个身体移出，继而调整体位至标准站姿。

## 🦔 习题

### 一、判断正误并简述理由

1. 上下楼梯时应请尊者先行。

2. 国际体育比赛的颁奖仪式中，亚军站在冠军的左边。

### 二、简答题

1. 与客户在道路上行走时需要注意哪些问题？

2. 如何安排小轿车的座位？

### 三、练习

1. 三人模拟练习出入电梯的礼仪，其中一人扮演客人，两人扮演接待人员。

2. 假设本部门的三位工作人员（部长、副部长和秘书）将接待两位重要客人（某部门的部长及其秘书），请为接待者和客人提前安排好座位。

3. 女士练习穿裙装上下轿车的动作。

·第七节·

## 求职面试的礼仪

无论是新毕业的大学生还是久经沙场的职业人士，求职、跳槽都是其职业生涯中一定会面临的门槛。这其中的礼仪不可不知。

## 一、撰写和发送求职信与个人简历的注意事项

### 1. 有针对性

撰写求职信之前，一定要仔细研究用人单位的状况与招聘要求，然后再有针对性地撰写求职信和简历。

专业的人才网站均提供免费的格式化的简历模板供求职者使用，但很多求职者在应聘不同公司时用的都是同样的简历，没有任何针对性，甚至有些人连要申请的职位都没有明确注明。杂乱无章的简历很难引起招聘主管的兴趣。据调查，很多招聘者最头疼的，就是在浩瀚的简历"汪洋"中，看到没有明确标注申请岗位的简历，"我们没有多余的精力帮助应聘者做出挑选"。

应聘目标公司所属行业的发展前景、公司的现状和发展前景、用人制度、企业文化、人际关系等都是应聘时需要考虑的因素，尤其是对目标公司的选才要求和用人标准一定要仔细研究，然后有针对性、有目标地撰写简历和求职信。

### 2. 简明扼要、重点突出

简历忌"繁"，与公司用人条件吻合的内容要重点强调，与用人标准无关的内容则要轻描淡写甚至忍痛删除。比如，公司要招的是计算机程序员，那么你的"钢琴八级"附在"兴趣爱好"一栏即可，而"××××年获市钢琴大赛第五名"就不必写上了。如果应聘的岗位是设计"无人弹奏的自动钢琴"程序，写上这项内容则是很有必要的了。

发送简历的时候，一定先看清楚用人单位的简历发送要求。如果用人单位拒收附件，那么所有内容都必须写在邮件正文当中。另外要强调的是，在电子邮件的主题栏内一定要明确写出你的姓名和应聘职位，例如"徐克茹应聘计算机程序员"。

### 3. 认真处理细节

简历和求职信决定了你能否获得第一次面试的机会，因此，要格外重视简历上的细节。除了不能出现错别字和病句之外，格式和排版也能够反映你的认真程度以及条理性、艺术性和创造性。

小小的简历照片，是简历的"门面"，如果随便拍一张照片的话，你可能就会输在第一印象上。简历照片虽小，也一定要认真拍摄，需要注意：

（1）尽量与自己的原貌相符，不要有太大差距。

（2）精神焕发，不要萎靡不振。

（3）化妆清淡、发型整洁，避免浓妆艳抹或蓬头垢面。

（4）服装款式尽量与应聘岗位的工作性质相符，看上去比较职业化。

（5）服装平整，不要皱皱巴巴。

（6）一定要用近期照片，不要用 5 年前的照片。

（7）不要对照片做过多艺术化处理（如柔光效果等），这样容易让别人觉得你的整个简历都是过度美化的。

### 4. 在适当的时间主动询问结果

简历投递一星期或十天之后，如果没收到任何回音，你就可以打电话给用人单位，查询对方是否收到了你的求职信，利用这个机会还可以询问结果是否已经出来。如果你正待业在家，则可以同时应聘多家公司，当一个全职应聘者。如果你总是受挫，那么一定不要怨天尤人，而是要总结经验，看看问题是出在职业方向上、知识技能上，还是出在求职技巧上。找出问题所在，努力学习提高，就一定会有收获。

## 二、应聘者的电话面试礼仪

电话在当今社会已经十分普及，通过电话面试，招聘者可以很容易地淘汰大部分人，选定那些他们认为"更好的人选"进行面谈。对于某些岗位来说，电话面试对是否录用起着决定性的作用。通常，在面谈之前，应聘者都会事先接到一个约定时间及地点的通知，因此会有一些准备的时间。电话面试则不同，你随时都可能接到任何一个公司的面试电话，而且这个电话通常事先并没有人和你预约。

应对电话面试应当注意：

（1）准备一份个人资料，包括简历、工作成绩清单，以及你曾经投递过简历的公司名称、应聘职位等。随身携带一份，在办公室或家里的电话机附近放上一份。

（2）在电话面试时，你通常看不到对方（可视电话除外），无法用眼神、表情及其他身体语言和对方交流，因此你的语音、语速、语调就显得格外重要。要注意使用热情、自信的声音，简洁地陈述你的业绩、表达你的观点。可以找朋友进行角色模拟练习，也可以使用录音机把自己说话的声音录下来仔细研究，不断改进。

（3）电话旁边一定要放一些纸或一个笔记本，以及两支笔。另外准备一支性能良好的笔和一本袖珍笔记本，随身携带。如果突然接到电话面试，应该仔细记录那些关键的问题和重要的信息。"好记性不如烂笔头"，很多时候对方会让你进一步提供其他材料或约定面谈时间，这些关键的信息一定要在电话中再次确认并记录下来，同时不要忘了记下对方的电话号码。

（4）确保你在简历上所留的电话号码不会出现以下情况：

"对不起，您拨打的手机已关机。"

"对不起，您拨打的手机不在服务区。"

"对不起，您拨打的手机已停机。"

"对不起，您拨打的手机号码已过期。"

"嘟……嘟……嘟……嘟……"

"这不是×××的手机，你打错了！"

"我们这里没有这个人！"

所有这些，都可能会让一份好工作与你擦肩而过。

保持电话畅通无阻是保证求职成功的重要条件之一。建议大家：定期检查你的手机和固定电话是否工作正常；如果留的是固定电话，一定要注明方便接电话的时段；如果你不方便接听电话，最好转到"秘书台"或者请别人代为接听并转告给你，不要让周围人的一句："他不在，什么时候在……不知道！"就把你的大好前途给断送了。

## 三、应聘者的面试礼仪

（1）应当提前5～10分钟到达面试地点。如果路途比较远，应当预留出发生突发情况（如堵车、打不到出租车等）可能耽误的时间。到达之后，如果有可能，先去卫生间整理仪容、仪表，同时调整心态和表情，尽量不要仓促上阵。面试的时间、地点、联系人电话应当牢记，并写在纸上随身携带。有条件的应聘者最好能提前去一趟，熟悉一下路线，并观察一下该公司员工的着装风格。如果预计无法避免迟到，应当提前15分钟打电话通知联系人并致歉。

（2）按照该公司目标岗位的标准着装，保持完美的职业化仪容、仪表。

（3）进入考场之前别忘了关闭手机。

（4）进入面试场合时要自信、从容、稳重。良好的仪容、仪表和仪态决定了考官对你的第一印象。绝对不可以嚼着口香糖进入考场（但进入面试单位前可以嚼口香糖放松情绪）。如果考场的门关着，应当先敲门，得到允许后再进去。开关门动作要轻、要稳。见面时要向招聘者微笑致意并问好。如果考官没有请你坐下，不要慌慌张张急于落座。如果进门后你搬动过椅子，那么面谈结束时你应当将椅子放回原处。自己用过的一次性水杯也请随手扔进垃圾桶（如果你不收拾，那么一定是考官替你收拾。请为别人着想，自己的事自己做。）。如果对方请你坐下，那么你应当说"谢谢"。坐下后保持良好的坐姿。不可以采用比考官更随便的坐姿。回答问题时要有目光交流。考官示意面谈结束时，应微笑起立，道谢并说"再见"。（这些都是最基本的礼貌，但在真正的面试过程中，很多应聘者会紧张得全都忘掉了！因此事前的练习非常重要！）

（5）要诚实，不要说谎。没有获得的证书、没有做过的项目，绝对不要谎称有、做过。谎言一旦被揭穿，你会失去所有人对你的信任。不要伪装自己的能力、素质、个性、价值观、好恶。例如，一个内向的、不喜欢和别人打交道的人伪装自己的性格而得到了一个客户服务的工作，那么结果很可能是客户对他不满意，他自己也很痛苦，最后还是会辞去工作，白白浪费了很多时间和精力。

（6）如果遇到餐叙型面试（一边用餐一边面谈），请务必遵守餐饮礼仪（参见第六章）。

## 四、招聘者的面试礼仪

不论应聘者是否被录用，他们都会把招聘考官的形象看成是企业的形象。对于那些高级人才来说，面试的过程也是他们考察企业的过程。因此，在面试过程中，招聘者同样也要遵守招聘礼仪。

（1）穿符合你身份的职业装——你的形象就是公司的形象！

（2）如果不是故意要考验应聘者的耐心，那么一定要准时开始面试。无故拖延是不尊重时间、不尊重他人的体现，是失礼的行为。

（3）事先仔细阅读应聘者的名单，如果有冷僻字，应当认真查字典，并把拼音标注在姓名旁边。如果念错应聘者的名字而被对方纠正，一定要说"对不起"。

（4）不可因为接听电话或有人找你而随意中断面试过程，这样做会给应聘者留下"管理随意，自由散漫"的印象。

（5）面试结束时，礼貌地站起来与应聘者握手告别。这些人，有些会成为你未来的同事，有些可能会成为你的客户，或许有一天你和某个人还会因为某个原因聚在一起。如果你自始至终都善待对方，那么你和你的公司都会在他们心里留下良好的印象。

## 🯄 习题

1. 去照相馆拍摄一张符合招聘单位职业形象要求的简历照片。

2. 针对两个不同单位的招聘广告，给自己写两份侧重点不同的简历。

3. 如果用人单位通知你明天去面试，你需要做哪些准备？

# 第三章
## 职业形象：仪容礼仪

# 第一节
# 形象的社会心理学基础

《列子·说符》讲述了这样一个故事："人有亡斧者，意其邻之子，视其行步，窃斧也；颜色，窃斧也；言语，窃斧也；动作态度，无为而不窃斧也。俄而掘其谷而得其斧，他日复见其邻人之子，动作态度，无似窃斧者。"

这个故事是说，有个人丢失了一把斧头，便怀疑是邻居的儿子偷走的。于是，他看邻居家的孩子走路的姿势像是偷了斧子；脸上的神情也像是偷了斧子；说话的腔调更像是偷了斧子；总之，言谈举止，无一不像偷了斧子。不久，他在山沟里掘地，无意中挖出了自己丢失的斧子。再见到邻居的儿子时，觉得其举止态度，没有一点儿像是偷斧子的人。

什么是形象？形象是你的容貌、表情、衣着、声音、仪态、态度、性格等给别人留下的一个总体的印象。

美国联邦政府《地区经济学家》季刊的一项分析报告指出，职场待遇好坏或多或少取决于外貌美丑。身材高挑、仪表出众、气质迷人，是职场春风得意的有利武器。研究者分析了圣路易联邦储备银行过去的调查及研究，发现俊男靓女确实比长相平平的同事更容易得到晋升，也更容易得到较高水平的工资。平均来说，长得丑，待遇低9%；长得漂亮，待遇则高5%。体态臃肿的女性收入往往比体重标准者低了17%；身高每多2.5厘米，薪资平均高了2.6%。研究人员还援引记者葛雷德威尔的调查，结果显示高级主管身高比一般人多7~8厘米。虽然典型的美国男人身高为1.75米，但是葛雷德威尔的研究发现，1/3 的首席执行官是 1.85 米。这项研究表明，以貌取人是职场中的常态。

以貌取人是一种非常普遍的社会心理现象，但它常常会使大家忽略掉岗位所最需要的品德素质和能力素质，因此，古今中外的智者们经常告诫大家不要以貌取人。

在商务场合当中，那些主要与人打交道的岗位，比如销售、公关、前台接待等职位对形象的要求比较高，但绝对取代不了优秀的专业素质、工作态度和个人能力，所有这些是一个商务人员的内在美，需要下更多的工夫去修炼。

既然在看别人的时候要尽量避免以貌取人，那么我们为什么还要学习如何提升自己的职业形象呢？

为了搞清这个问题，我们需要了解几个社会心理学当中的基本概念。

## 一、晕轮效应

当我们观察别人时，对对方的认知和判断往往只从局部出发，由局部扩散而得出整体印象，即常常以偏概全。一个人如果被标明是好的，他就会被一种积极肯定的光环笼罩，并被赋予一切都好的品质；如果一个人被标明是坏的，他就被一种消极否定的光环所笼罩，并被认为具有各种坏品质。这就好像刮风天气的前夜月亮周围出现的圆环（月晕），其实呢，圆环不过是月亮光的扩大化而已。美国心理学家桑·戴克把这一心理现象称为"晕轮效应"，也称为"光环作用"。

心理学家做过一个这样的实验：让被测试者看一些照片，照片上的人有的很有魅力，有的无魅力，有的中等。然后让被测试者在与魅力无关的特点方面评定这些人。结果表明，被测试者对有魅力的人比对无魅力的人赋予更多理想的人格特征，比如和蔼、沉着、好交际等。除了容貌之外，服装、言谈等都可以产生晕轮效应。当我们在对不太熟悉的人进行评价时，这种晕轮效应会体现得尤其明显。

仅仅抓住并根据事物的部分特征，而对事物的本质或全部特征下结论，这样得出的结论是很片面的。因此，在商务交往中，当我们看别人时，应该注意提醒自己不要受晕轮效应的干扰，防止被局部和表面现象所迷惑。

当我们被别人审视时，同样要防止晕轮效应的干扰作用。比如，当我们的衣着打扮看上去非常拖沓的时候，客户或老板会认为我们的工作也会做得拖泥带水。因此，我们需要防止"扫帚星效应"，即：假如对方认为我们的某个品质很"坏"，就可能被一种坏的光环笼罩住，认为我们所有的品质都很坏。这是一种消极品质的晕轮效应。对方没有时间或没有能力了解我们的全部品质，他们只能从我们具有的某一种品质去推断我们的其他品质。在这个过程当中，外在的形象是人们最容易看到的，因而成为别人判断我们的最常使用的"证据"。因此，在快节奏的现代商务场合中，外在形象已经变得非常重要。在商务交往当中，一副好嗓音、一手好字、一身得体的面试服装、富有特色的名片等都可以为我们戴上美丽的光环。

## 二、首因效应

首因是指当人们第一次认知客体时，在大脑当中留下的第一印象。首因效应是指个体在社会认知过程中，通过第一印象最先输入的信息，对客体以后的认知产生的影响作用。

在商务交往当中，我们主要通过容貌、表情、姿态、身材、服装等外部的信息获得对对方的第一印象，这些首次获得的信息往往成为以后认知与评价对方的重要依据。

美国心理学家洛钦斯于1957年首次采用实验方法对首因效应进行了研究。他用文字来描述一个名字叫吉姆的人。第一段把他描述成一个开朗、外向、喜欢交际的人。第二段却把他描述成一个害羞、内向、不喜欢交际的人。然后，他将描述交给四个小组的人阅读。第一组按第一段到第二段的顺序阅读，第二组按第二段到第一段的顺序阅读，第三组只读第一段，第四组只读第二段。结果，洛钦斯发现各小组的人对吉姆的评价都是基于先读的那一段描述：第一组有78%的人认为吉姆比较开朗，第二组只有 18% 的人这么认为，第三组有 95% 的人也持同样的观点，第四组则仅有 3% 的人对此观点没有异议。这个实验表明，产生首因效应的关键原因是信息输入的先后顺序——先入为主。

在人们日常的社会交往中，如果第一次接触留下了好印象，那么在彼此分开后的很长一段时间里此印象仍然会保留在脑中；当双方第二次再相遇交往时，则会不由自主地按第一次形成的好的评价的视角来认知评价对方。

另外，首因效应也会让我们在第一次交往时获取对方少量的信息之后，动用我们以往的知识、经验来对这少量的信息进行加工处理，从而自觉或不自觉地分析、综合、比较、推测对方的特点，形成总体评价。例如，我们说，"这个人看上去像个经理"，就是动用了我们以往的经验——很多经理看上去都是这个样子，所以这个人看上去像个经理。

总之，当我们第一次接触到交往对象时，我们的仪容、仪表、仪态、谈吐等都会给别人留下好的或不好的第一印象，这个印象会影响到对方对我们总体的评价。商务人员随时都有可能和陌生人打交道，因此，随时保持完美的职业形象就显得非常重要！

## 三、近因效应

所谓近因效应，指的是在交往过程中最近一次接触给人留下的印象对社会知觉者的影响作用。心理学研究表明，最先输入大脑的信息作用最大，而最后输入的信息也起着较大的作用。在人的知觉中，如果前后两次所得到的信息不同，但中间有一个无关事件把它们分隔开，那么后面的信息在形成总印象中起作用更大，这种现象就是近因效应在起作用。前后两次信息之间的间隔时间越长，近因效应越明显。原因在于前面的信息在记忆中逐渐模糊，从而使近期信息在短时记忆中更为突出。

多年不见的朋友在双方脑海中印象最深刻的画面，常常是临别时的情景；一个同事总是让你生气，可是让你说说是怎么回事儿，你却可能说不出多少事实，这些都是近因效应的表现。

利用近因效应，在与客户分别时，给予对方良好的关怀和祝福，你的形象就会在他的心中变得完美，并且容易长久留存。

## 四、定型效应

生活中，人们都会不自觉地把人按年龄、性别、外貌、衣着、言谈、职业等外部特征归为各种类型，并认为同一类型的人有着共同的特点。在交往观察中，凡对象属于同一类型的，便用这一类人的共同特点去理解他们，这种现象叫做定型效应，亦称社会刻板印象。

当人们在见到其他人时，常常会根据人的外表行为特征，结合自己头脑中的定型进行归类，以此来评价一个人。所谓"定型"，是指在人们头脑中存在的、关于某一类人的固定形象。人头脑中的定型多得数不胜数：不同年龄、不同职业、不同社会地位、不同籍贯、不同民族、不同性别的人，在人们的头脑中都有一个固定形象。例如，软件开发人员是瘦瘦的、戴着眼镜的白面书生形象，金融行业的人员则是穿着深色西服的保守形象等。

在商务交往当中，商务人员一定要注意这种定型效应。其形象一定要与其职位在大众心中固有的刻板印象相符合。试想，如果一位银行客户经理留着长发穿着花衬衫，看上去像一位富有创意的艺术工作者，那么客户敢把几百万元的资金托付给他来管理吗？

当然，定型效应也是一种会使人产生偏见的社会心理效应，所以我们观察别人时，应当尽量克服这一效应给我们带来的消极影响，力求历史地、全面地、正确地认识我们周围的人和事，减少判断和决策的失误。

俗话说："爱美之心，人皆有之。"可见爱美是人的本性，是一种普遍的社会心理。企业挑选人才时，不仅希望应聘者在知识、技能方面充分胜任本职工作，同时希望其外表也能获取外界的青睐，衬托出本单位的良好形象，这本身也无可厚非。尽管说"人不可貌相"，但是，毕竟整洁的人要比肮脏的人看起来舒服得多。外表如果让人不舒服，多多少少都会对他人与之交往的意愿产生负面的影响。塑造良好的职业形象，是为了每天都能使我们的客户和同事们产生良好的感觉，这也是我们表示尊重对方的方式之一。

这里，我们还是要再一次强调：尽管外在形象非常重要，但是它绝不可以成为我们唯一的追求。形象是所有内在素质和外在素质综合起来所形成的。如果我们仅仅追求外表，就可能成为一个装着一包草的绣花枕头，经不起任何考验。

## 习题

1. 什么是形象？
2. 什么是晕轮效应？
3. 对商务人员来说，首因效应、近因效应、定型效应有哪些实际意义？

## · 第二节 ·
# 皮肤的类型与日常保养操作方法

仪容，即指一个人的五官容貌。容貌在很大程度上取决于先天遗传因素，但后天的修饰、美化作用同样不可忽视，所谓"三分长相、七分打扮"就是这个意思。仪容的自然美体现在五官端正、皮肤健康上。

## 一、皮肤的类型

皮肤是人体最大的体表器官，它覆盖全身，是人体抵御外界有害因素侵入的第一道防线，具有调节体温、吸收、排泄、分泌、免疫和参与代谢等多项生理功能。同时，皮肤也是人体最大的感觉器官和最引人注目的审美器官，传递着人体的美感信息。

皮肤保养品和化妆品可以使皮肤感觉舒服、看上去漂亮，但如果你的皮肤生有较多面疱（青春痘或囊肿）、湿疹（发痒的红斑）、牛皮癣、脂溢性皮炎、色素失调（色斑），一定要先到正规医院的皮肤科诊治，千万不要懒得去医院而乱用化妆品，以免造成不可挽回的损失。

皮肤通常分为以下几种类型：

### 1. 干性皮肤

毛孔细小，表面几乎不泛油光，不易生面疱。眼部及口部四周容易形成表情纹，遇到寒冷干燥的环境易粗糙、脱皮或干裂。眼部、颈部易出现松弛现象。

保养要点：补充油脂，保湿。

### 2. 中性皮肤

看起来很健康且质地光滑柔嫩，有均衡的油分及水分，很少生面疱。无粗大的毛孔或过于油腻的部位。

保养要点：维持水油平衡。

### 3. 混合性皮肤

看起来很健康且质地光滑，但T形区（额头、鼻子、下巴的区域）有些油腻，而两颊及脸部的外缘有一些干燥的迹象。

保养要点：控制T形区的油脂分泌，消除两颊的干燥现象，保湿。

混合性肌肤在护肤时可考虑分区护肤的法则，对于干燥的部位除了更多补水保养外，可适当地选择一些营养成分较丰富的护肤品，而偏油部分则可以使用清爽护肤品。

### 4. 油性皮肤

皮脂腺分泌很多的油脂，使皮肤看上去油亮，毛孔粗大，易生面疱，但不易产生皱纹，表皮较厚。

保养要点：控制油脂分泌，保湿。

### 5. 敏感性皮肤

皮肤表皮较薄，毛细血管明显，使用保养品时很容易过敏，出现发炎、泛红、起斑疹、搔痒等症状。

保养要点：适度清洁，不过度去角质、不频繁更换保养品、不使用含有致敏成分的化妆品。

## 二、日常皮肤保养操作方法

人的皮肤在不同季节、不同环境时其性质会发生一些变化，日常所用的护肤品也应当根据情况的变化做出适当调整。皮肤类型确认之后，就可以有针对性地选择护肤品了。

一般来说，日常护肤程序包括洁肤、爽肤、养护三个步骤，每天早晚各进行一次。

在脸上涂抹护肤品时的基本手法是：先用中指和无名指的指肚将护肤品（洁肤品）涂抹在额头、两颊、鼻头、下巴五处（五点法，如图 3-1 所示），然后按照图 3-2 所示方向，用双手中指和无名指指肚将护肤品在脸部和脖子上边轻轻按摩边涂抹均匀。不要漏掉耳后的皮肤。手指的力量一定要轻柔，不要挤压出皱纹。

图 3-1　护肤五点法

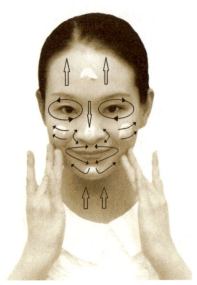
图 3-2　护肤指法及按摩方向

### 1. 洁肤

皮肤是人体抵御外界侵害的第一道防线，我们每天面临的灰尘、细菌和其他有害物质都可能附着在我们的皮肤上。皮肤具有吸收功能，如果不能定期进行清洁，任由这些有害物质或病菌长时间附着在皮肤上，就有可能对我们的健康造成伤害。如果条件允许，应当勤洗澡、勤换衣，贴身穿着的衣服应当尽量选择纯棉、真丝等吸汗、透气的天然纤维面料，减少化学物质对皮肤的伤害。对于暴露在外的面部、颈部则要每天早晚各清洁一次。

正确的洗脸方法是：按图 3-1 所示方向将洗面乳点在脸上，再按图 3-2 所示方向将洗面乳轻轻均匀涂抹于整个面部。如果使用固体洗面皂，应当先用清水将洗面皂蘸湿，用手轻轻搓出泡沫之后，将泡沫涂抹在脸上。

按照图 3-2 所示方向操作 1 ~ 2 次之后，用 40℃左右温水将洗面乳冲洗干净，再用干净的毛巾将脸轻轻擦干。

洁肤用品的品种花样繁多，但通常都可按照其使用对象不同而分为适合油性皮肤、中性皮肤、干性皮肤、敏感性皮肤这四种类型。洗面乳是目前使用最普遍的一种洁肤用品。针对中性皮肤和干性皮肤的洁肤用品配方比较温和，洗完之后会觉得面部皮肤比较滋润；而针对油性皮肤的清洁用品配方中含油脂较少，洗完之后会觉得面部皮肤比较干爽。有的洁肤用品在清洁肌肤的同时还可以补充水分和养分，具有滋润皮肤的功效；有的洁肤用品具有卸妆、洁面合二为一的特点；还有的洁肤用品含平衡油脂的成分，能使皮肤油脂分泌变得适中。

多数敏感性皮肤的人是因为遗传的缘故，皮肤先天就容易对特定的成分过敏，如金属、灰尘、花粉等。避免皮肤接触这些敏感物，不过度清洁，是敏感肌肤的保养重点。敏感性肤质的人最好选择质地温和、不含皂基成分的洗面乳，产品中不能含有去角质的成分，也不能使用会使皮肤发热的洗面乳，对于磨砂膏、去角质剂等产品更应该敬而远之。为防止过度清洁，敏感性的皮肤早上只需用温水洗面即可，晚上回到家后可用敏感性皮肤专用的洁肤用品彻底清洁皮肤，而且注意不要频繁更换护肤品和化妆品。

暗疮性皮肤的人应该特别注意，最好使用烧开后冷却到 40℃左右的温水洗脸，以减少细菌感染。

随着现代商务活动的发展，化妆已经成为时尚女性每日的功课。除了以上清洁用品之外，如果女士们每天化妆，那么她们还需要针对自己所使用的化妆用品选择与之相对应的卸妆类产品，因为单一的洁面用品只能带走脸部的灰尘和脏东西，对于彩妆的卸除还需要用专门的卸妆产品。例如，防水睫毛膏、不脱色口红以及眼部化妆品等都需要专用的卸妆产品才能彻底清洁干净。通常，卸妆步骤（详见第三章第三节）是在清洁步骤之前完成。敏感性皮肤不适应油腻的卸妆产品，最好使用乳液状的卸妆品。

### 2. 爽肤

使用洁肤用品洗过脸之后，皮肤常常并没有真正洗干净，大多数洁肤用品只能洗掉附着在皮肤表层的脏东西。因此，我们需要用化妆棉蘸上爽肤水（又叫做"化妆水"；有些含有的天然保湿因子等美容成分的爽肤水又叫做"保湿水"），按照图 3-2 所示方向轻轻反复擦拭脸部，这样可以彻底地清除残留的有害物质和细菌。爽肤水是一种液态的护肤品，其成分中有 60% 以上是水分。除了起到再次清洁皮肤的作用之外，还能补充肌肤角质层中的水分，起到滋润皮肤的作用。另外，还能使之后所使用的保养品易于吸收。

我们皮肤最外面的 pH 值为 5.5（弱酸性）的皮脂膜（由皮脂、汗液等组成）能够抵御大多数的细菌与环境的侵害。这层膜十分脆弱，很多碱性清洁用品都能够轻易地将其自然的弱酸性环境破坏掉。而皮脂膜的再次形成需 5 ~ 8 小时，所以很多人由于选择了碱性清洁用品导致皮肤的保护功能下降，出现很多皮肤问题。使用 pH 值为弱酸性的爽肤水，能够把皮肤的 pH 值也调整为弱酸性，恢复皮肤自然的防御功能。

选择爽肤水时同样要考虑自己皮肤的状况，选择适合自己的爽肤水。爽肤水的种类繁多，有的加入了保湿剂和营养物质，特别适合干性皮肤和中性皮肤；有的是专门用来卸除淡妆或用于化妆前的脸部清洁；还有的专门针对油性皮肤而设计，用后感觉格外清爽舒适。敏感性皮肤的人在选择爽肤水或其他护肤品之前，一定要先将样品涂抹在耳后皮肤或手腕皮肤上，保留 24 ~ 48 小时，如果没有发生异常反应（如发炎、泛红、起斑疹等）才能放心使用。非过敏体质的人在挑选护肤品之前，也要仔细阅读说明书，看清楚产品生产许可证编号、生产日期、使用期限、成分组合、使用对象、使用步骤等质量控制标准之后再购买。如果该产品加入了某些特殊成分，同样要先将样品涂抹在耳后皮肤或手腕皮肤上做过敏试验，24 ~ 48 小时之后无过敏反应再使用。

### 3. 养护

人体的主要成分是水，水分补充不足，会直接影响人的肤质。人体皮肤表层的皮脂膜能够防止水分的过度流失。干性皮肤需要适当补充油分并强力补充水分。中性皮肤重点是保湿。油性皮肤尽管皮脂腺分泌旺盛，但也常常处于干燥缺水的状态，因此在适当控制油脂分泌同时还要保湿。我们应当针对自己皮肤的属性选择适合自己皮肤的乳液或面霜来滋润和保护皮肤，使皮肤的油分和水分都达到"均衡"的理想状态。

乳液与面霜的涂抹方法是：按图 3-1 所示方向将乳液或面霜点在脸上，

再按图 3-2 所示方向将洗面乳轻轻均匀涂抹于整个面部。

除了基本的面部皮肤护理之外，还需要对眼部进行特殊的护理。方法：将眼霜直接挤在左手中指上，在眼睛四周轻轻点按，让眼霜充分吸收。按摩能够促进血液循环，延缓皱纹的产生，也可以预防眼袋和黑眼圈。很多品牌的护肤用品都会同时有爽肤水、润肤露、精华素、眼霜、润肤霜等配套产品，如果这几种产品都要使用，那么应当按从稀到稠的顺序依次使用。

外勤岗位的人员经常要在户外活动，脸部皮肤不可避免地会经常暴露在阳光下。适量接触紫外线对人体是有好处的，但过量的紫外线对皮肤会有较大伤害。除了要使用遮阳帽、遮阳伞等防晒用品保护皮肤外，还应使用防晒护肤品来保护皮肤。防晒护肤品的防晒功效要看两个指标：

（1）SPF：SPF 是 Sun Protection Factor 的英文缩写，是针对 UVB 的防晒指数。SPF 值越高，针对中波紫外线的皮肤保护时间越长。一般黄种人的皮肤平均能抵挡阳光 15 分钟而不被灼伤，如果使用 SPF15 的防紫外线光护肤品，便有约 225 分钟（15 分钟 ×SPF15）的防晒时间。商务人员日常上下班、外出购物、逛街时可选用 SPF5 ~ 8 的防晒护肤品，外出游玩时可选用 SPF10 ~ 15 的防晒护肤品，游泳或做日光浴时可选用 SPF20 ~ 30 的具有防水功能的防晒护肤品。

（2）PA：PA 是 Protection of UVA 的英文缩写，是针对 UVA 的防晒指数，以"+"来表示防御强度。它的防晒护肤功效强度是以 +、++、+++ 三种符号来标示的，"+"号越多，针对 UVA 的防晒护肤效果就越好。

购买防晒护肤品时，要同时看这两个指标，并且考虑是否需要具备较强的防水功能。在购买之前，还应当先在自己的手腕内侧试用一下，如果出现红、肿、痛、痒等不适反应，则应另选其他品种的防晒霜。

敏感性皮肤的皮层较薄，防晒品的成分也容易造成皮肤过敏，因此最好不用含化学成分的防晒品，而选用物理成分的防晒品，这样可以减少防晒品本身对皮肤的刺激。在使用精华液之类高浓度的护肤品时，用纯净水稀释到正常皮肤用量的一半时最为妥当。

季节的变换会带来气候的变化，温度、湿度都会相应改变，肌肤的水分状况与皮脂分泌状况也会随之改变。中性皮肤到了冬季可能会变成干性皮肤，而干性皮肤到了冬季会变得更干。干性皮肤的人，从干燥的北方出差来到湿润的南方，皮肤有可能变得趋于中性。因此，针对皮肤的情况进行保养上的改变是非常必要的。

如果皮肤已经出现问题，一定不要自行解决，应当请正规医院的医生诊治。已经长满面疱的皮肤，应当停止使用所有保养品，立即到正规医院治疗好后再进行正常的护肤。皮肤发生过敏反应后，同样应当去正规医院治疗，以免造成难以挽回的后果。

## 习题

1. 你的皮肤属于哪种类型？有什么特点？在保养方面要注意哪些要点？

2. 简述日常护肤程序。

## ·第三节·
# 日常修饰的操作方法与仪容礼仪规范

仪容的自然美体现在五官端正、皮肤健康等方面。拥有健康美丽的皮肤之后，就需要审视我们的五官了。

五官端正，是指五官布局合理，即符合中国传统的"三庭五眼"的比例。其中，"三庭"是指上庭、中庭和下庭。

（1）上庭：从额头发际到两眉头连线之间的距离。

（2）中庭：从两眉头连线到鼻头底端之间的距离。

（3）下庭：从鼻头底端到下颏（下巴尖）的距离。

理想的比例是上庭：中庭：下庭=1：1：1，即三者长度相等。

"五眼"是指：

（1）左太阳穴处发际至左眼眼尾的长度。

（2）左眼长度。

（3）左眼内眼角至右眼内眼角的长度。

（4）右眼长度。

（5）右眼眼尾至右太阳穴处发际的长度。

理想的比例是这五者长度相等，即从左太阳穴发际到右太阳穴发际之间的横向连线长度正好是五只眼睛的长度，并且均匀分布。

大家思考一下便会发现，"三庭五眼"与西方的"黄金分割"的比例在原则上是一致的。学者们曾对一些世界公认的俊男靓女的容貌进行了分析，结果表明其共同特点便是符合这种"黄金分割"的比例。这也是我们修饰容貌的理论基础。

## 一、发型修饰

良好的职业形象需要有庄重的发型。它既要整洁、漂亮，又不可过于前卫。要得到最佳的效果，就必须考虑自己的脸型、发质、个性、工作方式以及交往对象。最好请专业发型师，根据你的具体情况为你设计。去理发时，应当清楚地告诉理发师你的职业和身份，如果方便的话可以穿一身日常上班穿的服装（或者穿与上班服装有相同风格的衣服）去理发。

在换发型之前，还需要考虑：早上你有多长时间用在梳理头发上。如果你每天早上整理发型需要花费10分钟以上，那么最好放弃它，选择另外一种便于打理的发型会更为妥当。

### 1. 女士发型

女士的发型样式很多，应当特别注意与脸型搭配，我们来看看发型师们的建议。

（1）长脸型。长脸型适合将头发留至下巴，留点刘海儿或两颊头发剪短些都可以减小脸的长度而加强宽度感。也可将头发梳成饱满柔和的形状，顶部应平伏，前发宜下垂，两侧的发量要适当增加，这样可以使脸有较圆的感觉。总之，自然、蓬松的发型能给长脸人增加美感；优雅可爱的发式可以缓解由于脸长而形成的严肃感；将头发做成卷曲波浪式，也可增加优雅的感觉。

（2）方脸型。方脸型适宜头发向上梳，轮廓应蓬松些，圆形的头发轮廓可以削弱方脸型的刚毅感觉。不宜把头发压得太平整，耳前发区的头发要留得厚一些，但不宜太长，避免留齐至腮帮的直短发。也可将头发编成发辫盘在脑后，这样可以减弱别人对脸部方正线条的注意。前额不宜留齐整的刘海儿，也不宜全部暴露额部，可以用不对称的刘海儿遮挡宽直的前额边缘线，同时又可增加纵长感。

（3）圆脸型。圆脸型常会显得孩子气，所以发型不妨设计得老成一点，应增加发顶的高度，使脸型稍稍拉长。也可将头发侧分，短的一边向内略遮一侧脸颊，较长的一边可自额顶做外翘的波浪，这样可"拉长"脸型。要避免面颊两侧的头发隆起，否则会使颧骨部位显得更宽。也可选择侧分垂直向下的发型，直发的纵向线条可以在视觉上减弱圆脸的宽度。但这种脸型不宜留刘海儿。

（4）椭圆脸型。椭圆脸型是女性中最完美的脸型，采用长发型和短发型都可以，但应注意尽可能把脸显现出来，突出这种脸型协调的美感，而不宜用头发把脸遮盖过多。

（5）三角形脸型。根据发型与脸型的比例关系，三角形脸型在梳理头发时要将耳朵以上部分的发丝蓬松起来，这样能够增加额部的宽度，从而使两腮的宽度相应减小。避免留齐至腮帮的直短发，否则会增加腮部的宽度感。

（6）倒三角形脸型。倒三角形脸型适合选择侧分的不对称发式，露出饱满的前额，发梢处可略微粗乱一些，以增加甜美的感觉。

（7）菱形脸型。菱形脸型一般将额上部的头发拉宽，额下部的头发逐步紧缩，靠近颧骨处可设计一种大弯形的卷曲或波浪式的发束，以遮盖凸出的颧骨。

盘发在我国已有三千多年的历史。在唐代和清代，盘发技巧达到了很高的水平。

由于盘束发型气质高雅，造型丰富美观，并且可以用各种朴素或靓丽的头饰来点缀，既可以显得漂亮、华丽，也可以显得庄重、典雅。根据女士年龄、脸型、服装和身份不同，可以采用各种不同的盘发样式。

方脸型和圆脸型梳理各种盘发都很好看，如高盘发型、花朵、盘鬏、卷盘式，或低盘花朵、扭辫、编束发型等都可以。而长脸型则不适合高盘发型，适合低盘发型，比如花篮结、梅花结、蝴蝶发型、"8"字发型等。

女士上班应当避免佩戴过于艳丽的头饰，这与职业形象不符。日常上班应当选择一些自然色或深色的发饰，它们的功能是帮助维持头发的整洁。那些耀眼或可爱的发饰更适合在舞会、酒会或休闲场合佩戴。发带与工作场所也不太协调，会给人以天真和没有经验的感觉。如果想显得更加成熟和庄重，则应避免长及背部（肩胛骨以下）的披肩发型、顽童式短发、学生式马尾辫。

### 2. 男士发型

男士留短发比留长发更易被接受。不超过耳朵中部的鬓角看上去更精神。

商界男士发型的一般要求是：头发前不掩额，侧不掩耳，后不触及衣领，并且面不留须。长发容易被认为具有叛逆性或作风懒散（这或许是大众的偏见），但如果从事与艺术有关的工作则更容易被接受。

不管梳什么发型，最重要的规则就是干净和整齐。大多数发型至少要6～8周修理一次。如果头发长得快的话，4～6周就需要修理了。

## 二、女士日常面部修饰的操作方法

商界女士在工作中应当着淡妆，这是商务礼仪的基本要求，也表现了一种良好的心态和对工作交往对象的尊重。化妆有一定的技巧，需要反复学习与练习才能熟练掌握。

### 1. 化妆前的准备工作

（1）先观察自己面部皮肤的状况，在中午时，面部皮肤符合下列哪种状况：

①干燥，暗淡；

②清新，既不油亮也不暗淡；

③在 T 形区内有些油腻；

④大部分脸部出现油光或油腻。

如果你选①，那么应准备与你自身皮肤颜色最接近的粉底霜；如果选②或③，那么应准备与你自身皮肤颜色最接近的粉底乳；如果选④，那么应准备与你自身皮肤颜色最接近的干湿两用粉饼（如果要使自己的脸部更富有立体感，可以同时再准备一种比自身肤色暗一些的粉底以及一种比自身肤色亮一些的粉底）。

（2）准备与你自然的头发颜色最接近的、带有眉毛刷的眉笔。

（3）准备与你的眼珠颜色最接近的眼线笔。

（4）准备一支口红。这支口红应当：在没有化妆的情况下，涂上这种颜色的口红后，你的脸马上显得容光焕发、充满朝气而又不显得唇部过于鲜艳并引人注目。口红的质量应当比较好，不含铅等有害成分。涂上5分钟以后用面巾纸轻压唇部以吸除多余的口红，附着在唇上的口红应当不易脱色。

（5）准备一个简易的多色眼影盒、腮红以及颜色与你的头发颜色相似的睫毛膏。

（6）准备化妆工具：距离30厘米远的时候能够照到整个脸的镜子；修眉专用的小剪子（眉剪）、剃眉刀；卷睫毛用的睫毛夹；眼影刷或海绵眼影棒；腮红刷。

（7）面对镜子，分析自己的五官比例、脸型及面部立体结构。

### 2. 日常上班妆的化妆步骤

（1）涂粉底：用化妆专用海绵蘸取粉底，在额头、脸颊、鼻子、唇周和下颌等部位，采用印按的手法，由上至下，依次将底色涂抹均匀。如果想要使脸部显得更加富有立体感，可以根据自己脸部的结构，在希望"高起来"或"扩张变大"的部位使用颜色较亮一些的粉底，在希望"低下去"或"收缩变小"的部位使用颜色暗一些的粉底。各部位要衔接自然，不能有明显的分界线。在鼻翼两侧、下眼睑、唇部周围等处可用海绵的边缘进行细节处理（在上粉底之前，应使用遮瑕膏，它能修正、遮盖黑斑、黑眼圈及其他不均匀之处。用手指蘸取少量遮瑕膏，轻轻使用在有缺陷的部位。每个人的皮肤都不是完美的，在开始化妆之前，必须保证面部的基底色是没有瑕斑的）。

（2）修饰眉毛：眉毛在脸上并不是最起眼的，但是它们却给脸上的表情确定了基调：喜悦的或是愁苦的，文雅的或是充满活力的。选择适合自己的眉形，用眉笔画好之后，用眉剪将过长的眉毛剪短，并将目标眉形范围之外的多余杂毛剔除。眉毛必须时常修剪。如果不修剪只画眉，其结果可能会"越画越乱、越描越黑"。反之，如果修剪有序，即使来不及化妆，脸部看上去至少是清清爽爽的。

步骤一：利用剪刀来做修剪，先用眉笔将想要的眉形画出来，然后用眉剪将超出眉形上方的杂毛全部剪掉。顺着眉形修剪每根眉毛的长度，这样可以使眉毛显得更加整齐，而不会显得参差不齐、杂乱无章。眉毛的生长周期比较长，剪的时候一定要有耐心，要一点儿一点儿地剪，因为一旦剪多了就不容易修复了。然后以水平的方式来修剪眉下的杂毛。用眉毛刷先将所有的眉毛往下梳，过长的部分就以水平的剪法来做修饰。

步骤二：用剃眉刀将杂毛根部剃干净，确保完全清除杂毛。

步骤三：正确描绘眉形。画眉毛首先要注意的就是下笔不要太重。眉的颜色从眉头至眉峰要由淡至浓，从眉峰向眉尾又轻轻淡化，颜色自然消失在眉尾。眉尾应当收在正确的位置上（上唇中点、鼻翼外侧点、眼尾、眉尾最好在一条直线上）。

步骤四：用眉刷刷眉，使其看上去柔和自然。

（3）修饰眼睛：先扫上眼影，然后描眼线，最后再涂上睫毛膏。因为眼影通常要有一番晕染的工夫，容易沾染。如果先描眼线，眼线便会被弄花。睫毛液也容易沾染，而且较难清洗，所以最后再涂。

①抹眼影。在眼睑上使用眼影的目的是增加眼睛的立体感，使眼睛看上去更大、更亮。眼影的颜色和涂抹区域因人而异，没有一定之规。在选择眼影的颜色时，要注意与自己的肤色及服装颜色相协调，平时一定要仔细斟酌，反复练习。

②画眼线。眼线可以改变眼睛轮廓的形状及长度，具有很强的修饰效果。眼睛向下看，用眼线笔沿上眼睑睫毛根部描画上眼线。画下眼睑的眼线时，眼睛朝上看，由外眼角向内眼角描画。下眼线的长度通常不超过外眼角至内眼角总长度的三分之一。眼线有铅笔眼线和液体眼线之分，相对来说，液体眼线有明显的增大眼睛的作用，也比较难画，通常只用在上眼睑。而铅笔式眼线可用在上、下眼睑。

③刷睫毛膏。使用睫毛膏可以使眼睛看上去变大，而且是最简单、容易的一步。

步骤一：夹睫毛。眼睛向下看，将睫毛夹夹到睫毛根部，使睫毛夹与眼睑的弧线相吻合，夹紧睫毛3秒钟左右。然后将睫毛夹夹在睫毛的中部，顺着睫毛上翘的趋势，夹3秒钟左右后松开。再将睫毛夹移至睫毛的尖部再夹2秒钟左右，形成自然的弧度。不要只在睫毛中央夹一下，这样夹出来的会是一个不自然的V形。

步骤二：刷睫毛膏。刷上睫毛时，眼睛向下看，睫毛刷由睫毛根向下向外刷。刷下睫毛时，眼睛向上看，先用睫毛刷的刷头横向涂抹，再由睫毛根部向外刷。

（4）涂口红：涂口红时，应从上唇着手，先涂唇的内侧，然后涂外侧。除了描嘴角外，一直要闭着嘴，否则不小心口红就会沾在牙齿上。

（5）刷腮红：面对镜子，找到脸颊的最高处，或者对着镜子微笑，从最凸起的地方开始刷腮红。腮红的作用是增色，创造出脸部的立体感。

### 3. 卸妆的方法

（1）眼部的卸装方法：眼部的皮肤比较脆弱，而眼部化妆又最为复杂，在卸妆时需要将眼影、眼线、睫毛膏全部彻底清除干净。

卸妆重点：防水眼线、防水睫毛膏及眼影。

使用产品：眼部专用卸妆油（卸妆乳或凝露）。

步骤一：用化妆棉蘸卸妆液轻敷在眼皮上3秒钟，同时用中指与无名指沿眼部弧度轻轻按压，使卸妆液慢慢溶解眼部彩妆。

步骤二：把棉片对折，用棉片外缘轻轻包住睫毛2～3秒钟，顺着睫毛生长的方向卸除睫毛膏。

步骤三：握住棉片，用中部洁净的部分，右眼顺时针方向，左眼逆时针方向，轻轻擦除眼影。要避免过度拉伸眼部皮肤，以免产生细纹。

步骤四：将蘸有卸妆液的棉棒沿睫毛根部，轻轻擦掉眼线及细微的眼部彩妆残留物。

（2）唇部的卸装方法：唇部彩妆也需要彻底卸除。长时间清洁不彻底，容易造成唇部色素沉着、脱皮、唇色黯淡等后果。

卸妆重点：防水唇膏。

使用产品：专门用于卸除防水唇膏的唇部专用卸妆液。

步骤一：用柔软的纸巾放在双唇中间，轻轻按压双唇，将唇部表层彩妆去除。

步骤二：用指尖取适量卸妆乳，以打圈按摩的方式在唇部进行深层清洁。

步骤三：用化妆棉沿唇部轮廓，将残余彩妆和卸妆乳轻轻擦拭干净。

（3）面部其他部位的卸妆方法：除了眼部和唇部之外，面部还有大量粉底、腮红等彩妆需要卸除。将卸妆品倒于掌心，分别涂于额头及左右脸颊、下颌。按照图 3-2 所示方向将卸妆品涂抹均匀，并轻轻按摩。待粉底及污垢溶入卸妆品后，用温水将脸上的卸妆品仔细冲洗干净，或用纸巾轻轻擦去。

用卸妆品清洁后，脸上残余的部分污物要用洗面乳再次清洗干净，并继续完成后续护肤程序。

## 三、男士日常面部修饰的操作方法

商界男士在日常工作中，一定要保持面部干净、整洁，给人以清爽、健康、干练之感。很多男士平时因为不注意使用正确的护肤方法，导致面部产生了很多诸如面疱、粉刺、痤疮等皮肤问题。男性皮肤的表皮层要比女性的皮肤表皮层厚 30% ~ 40%，皮脂分泌量也比女性的高 40% ~ 70%，所以多数男性的皮肤都会呈现出较为油腻的状态。男性皮肤的弹性要比女性皮肤的弹性好，所以不容易产生细纹。可是一旦产生皱纹，其皱纹会比女性的皱纹更深、更宽，会显得特别苍老。因此，男士的皮肤保养与女士一样不容忽视。

男士判断自己皮肤类型的方法：早晨起来以后，用纸巾涂拭额头、鼻侧和鼻头，如果纸巾上面很油，说明你是油性皮肤；如果纸巾上的油是星星点点的，你的皮肤在男性当中就偏干了。男士应当针对自身的特点，使用男性专用的护肤品。男士日常的面部修饰操作方法，主要由以下三个步骤组成。

### 1. 清洁

男性的皮肤油脂分泌旺盛，皮肤酸度较高，毛孔显得比女性粗大，皮肤看起来也比较粗糙。因为皮脂分泌多，所以要特别注意保持皮肤清洁，每天早晚都应当使用适合自己肤质的洁面产品来清洁皮肤。

干性皮肤、中性及敏感性皮肤的男士应当使用性质比较温和的洁面用品，中性至油性皮肤的男士则应当选用去油的深层洁面用品。洗脸时先挤出适量的洁面乳于掌心，分别涂于两边面颊、鼻尖、前额及下巴；然后耐心地轻轻按摩面部，彻底清除污垢。如果使用的是香皂，则应先将香皂润湿，在手掌上搓出丰富泡沫，然后将泡沫分别涂于两边面颊、鼻尖、前额及下巴上，再轻轻按摩面部，彻底去除污垢。油性皮肤的男士还要重点清洁额头、鼻子和下巴等区域的皮肤，可以在这些部位多做一些轻柔的按摩。

无论用哪种类型的洁面产品，最后都应当用温水冲洗干净，之后用毛巾将脸轻轻擦干。

### 2. 修面

商务男士应于每天早上修面一次，晚上只要在睡前完成清洁和润肤步骤即可。如果你要去赴宴或参加舞会，可于临行前再修面一次。脸部清爽、干净利落的男士，在现代社会的商务场合当中，更容易获得别人的好感。

修面之前首先要选择剃须工具。剃须工具有两大类，一类是电动剃须刀，还有一类是刀片剃刀。

（1）电动剃须刀。如果你的皮肤是敏感皮肤，或者脸上爱起痤疮，或者你不喜欢、不擅长使用刀片剃刀，可以选择电动剃须刀。电动剃须刀一般不会刮破皮肤，对皮肤的刺激也比较小。使用电动剃须刀比较方便，但要注意洗完脸之后，应待脸部比较干燥、紧绷时再刮，此时胡子会很容易伸进剃须刀里。如果脸是湿的，或者脸上有汗，不仅很难刮好，还会刺激皮肤。

（2）刀片剃刀。双层刀片的剃刀可以干净彻底地剃去所有胡须。使用这种剃刀需要经常更换已磨损的刀片。使用刀片剃刀剃须前，应先用中性肥皂洗净脸部，再将热毛巾敷在胡须上，或涂抹软化胡须膏，使胡须软化。过一会儿，再涂上剃须膏或皂液，以利于刀锋对胡须的切割，同时减轻对皮肤的摩擦。剃须时，应当绷紧皮肤，以减少剃刀在皮肤上运行的阻力，并可防止碰破皮肤。

剃须完毕用温水将脸洗净后，可用热毛巾继续敷脸几分钟，之后再进行润肤操作。

需注意：运动前后不要剃须，因为此时身体会大量出汗，刺激刚刮过胡子的皮肤，产生烧灼感。剃须对皮肤有一定的刺激，并且易使表皮受损，所以剃须后应注意皮肤保养。

### 3. 润肤

清洁皮肤、修面之后，男士应使用适合自己肤质的润肤产品。男士专用润肤品（包括须后水等）的香味通常极其淡雅，甚至没有香味，质地一般也很轻薄。

干性至中性皮肤的男士可选用能深层滋润皮肤的、含有修护成分的润肤品。油性皮肤的男士宜选用清爽保湿、不油腻的润肤品。

涂抹润肤用品时，先从面颊开始往外涂抹，然后再涂抹面部的其他区域。涂抹时动作要轻柔，不要用力过猛。

## 四、仪容礼仪规范

### 1. 女士仪容礼仪

（1）既不可不修边幅，也不可浓妆艳抹。准备一个日常随身携带的小化妆包，里面应当至少有一支口红、一支眉笔以及修眉剪、修眉刀和一个化妆镜（最好附双色眼影），这样就可以应对日常工作的社交场合了。

（2）不可借用他人的化妆品及化妆工具。化妆用品如同内衣一样是属于私人用品，如果互相借用，很容易传播疾病。借用别人的化妆用品时，别人可能会碍于面子不拒绝你，但此举极易引起对方的反感。

（3）不可当众化妆。当众化妆是非常失礼的，容易让别人误解（以为你不务正业）。如果需要补妆，应当到洗手间或无人处进行。

（4）不要对别人的妆面品头论足。在化妆风格的审美方面，大家会各有所好，你不喜欢的可能别人会喜欢，反之亦然。如果对别人的妆面说三道四、评头论足，会让对方难堪继而反感，同样是失礼之举。

### 2. 男士仪容礼仪

在商务场合，如同女士必须化妆一样，男士必须修面，并保持发型整齐。

商界男士一般不留胡须，每天上班前要养成修面的习惯。对于长有络腮胡子的男士来说，选穿白色衬衫可使脸部看上去更干净，而蓝色衬衫会将脸上的阴影衬托得更为明显。不要忘记将外露的鼻毛和耳毛用专用的剪子修剪掉，必要时可以请家人帮助完成。

如果眉毛过于杂乱、过于浓密或延伸得太长，可以考虑修剪一下。可以用专用的剪子和镊子自己修剪，也可以找专业的美容师或理发师帮助你完成。

## 习题

1. 你的脸型、发质与职业最适合哪种发型？

2.（女士回答）简述日常淡妆的基本步骤。如果只给你 5 分钟的时间，你该如何化一个漂亮的工作妆？请实际操作。如果效果不能使自己满意，那么就请继续实践，反复练习，直到效果让自己满意为止。

3.（男士回答）男士如何进行面部修饰？请实际操作。

# • 第四节 •

# 仪容整洁

　　仪容整洁与个人卫生及个人行为密切相关。如果一个人不注重个人卫生，或者在公共场合为了自己的清洁而污染环境，很难想象这个人在别人的眼里能够保持"整洁"的形象。

　　社会卫生事业与社会经济状况有着紧密的联系。随着经济的发展，社会对于个人卫生习惯的要求也越来越高。良好的卫生习惯是保持整洁与健康的基础，也是维护正常人际交往的前提条件。试想，当一个"仪表堂堂"的人走过来时，你闻到的是因为很久不洗澡而产生的浓烈的体味，这时你可能出于礼貌而并没有躲开，但与他谈话时恐怕很难不被酸臭的味道而分散注意力。随时随地保持个人形象的清洁整齐，能够拉近人与人之间的距离。仪容整洁涵盖了很多琐碎的小节。所谓"小节"，是指非原则性的琐细小事。小节虽小，造成的结果却不一定小。所谓"千里之堤毁于蚁穴"，老子说："天下难事，必做于易；天下大事，必做于细。"做难事要从简单的事做起，做大事要从细小的事做起，要想礼仪得体，千万不要忽略小节。

## 一、个人卫生要求

　　（1）勤洗澡，勤换衣，避免产生过于浓重的体味。洗澡可以全面清洗身体的污垢，加快体内某些废物的排泄，促进全身的血液循环，提高抗病能力，并且帮助我们消除疲劳，增进睡眠。在有条件的地方，夏季可以每天洗一次，即使在寒冷的冬季，至少也应当每周洗一次。

不洗澡的日子里，晚上要认真洗脚。脚是人体重要的组成部分，必须认真保护并随时保持清洁。洗脚可以清除脚上的污垢，还能消除疲劳，提高睡眠质量。毛巾、脚盆都应当专人专用，以免传染脚气等疾病。洗脚的时候如果发现脚趾甲过长，应当立即修剪。

内衣、外衣经常保持整洁，特别是衣领、袖口要干净。

袜子每天都应更换、清洗。

（2）注意眼角、耳窝、耳后、鼻孔、脖子等细节的卫生，洗脸时不要漏掉这些地方。洗脸毛巾用后最好晾在通风向阳处，每天用开水烫泡一次，或用水煮沸10分钟消毒。

毛巾和脸盆是传染沙眼和红眼病等疾病的媒介，不要与他人互相借用。

（3）保持头发干净整齐，头发上不可以有灰尘、头皮屑，也不可以有异味。个人应当根据自身头发的具体情况，选择合适的洗发、护发产品，定期护理头发。平时可以随身携带梳子备用（放在比较隐蔽的地方，不要与公务物品放在一起）。

要注意，梳理头发应当避人，可以在洗手间梳理，不可以在办公室等公共场合进行。

（4）每天剃须。男士每天要认真清理胡须，保持脸部洁净，外出参加社会活动时应事先剃须。

（5）保持口气清新，及时清除残留在口腔里的食物残渣，以免产生口腔异味。每天早上起床后和晚上睡觉前按时刷牙。其中睡觉前的刷牙更为重要，可以有效防止细菌在口腔内繁殖。每日三餐后应坚持漱口。

由于消化系统疾病而产生的口腔异味应当去医院诊治。

工作时间避免食用生葱、生蒜等气味浓烈的食品。

（6）饭后要去洗手间照镜子，检查面部和衣服上是否沾有食物碎屑并及时清理。

（7）鼻子是重要的呼吸器官和唯一的嗅觉器官，又处在面部中央，因而其清洁与否不仅影响健康，对容貌也有极大的影响。如果患有鼻炎或鼻窦炎，容易流鼻涕或鼻塞，要及时擦洗，并积极治疗。如果鼻毛太长并伸出鼻孔，应当用专用剪刀修剪。

不随地擤鼻涕、吐痰，而应使用纸巾，并将用过的纸巾扔进垃圾箱。

不要对着别人咳嗽、打喷嚏、打嗝，而应当背对别人并以手或面巾纸遮掩口部。

（8）勤剪指甲，指甲缝中绝不可以残留污垢。女士在商务场合应当选择颜色淡雅的指甲油。指甲油如果出现局部剥落，应当及时清理、修整。

剪指甲、涂指甲油等工作都应该私下进行，不可以当着别人的面做。

（9）经常用肥皂或洗手液洗手，能够有效地减少疾病在公共场所的传播。饭前、大小便后、外出归来或者接触脏东西后都要洗手。

（10）剔牙齿、掏鼻孔、挖耳屎、修指甲、搓泥垢等，这些行为都应该避开他人进行。否则不仅不雅观，也是不尊重他人的表现。

（11）与人谈话时应保持一定距离，声音不要太大，更不要对人口沫四溅。

（12）把垃圾装进袋子再丢进垃圾桶。不乱丢垃圾，保持环境清洁。

（13）有病的时候不要参加外事活动。感冒等疾病容易传染给别人，西欧、北美等地区的人对患有感冒却参加公共活动的人比较反感。

（14）正式场合和半正式场合不可以嚼口香糖。吃过的口香糖一定要包在纸里再扔进垃圾箱。

## 二、香水的使用

随着时代的发展，香水已经成为整体化妆的组成要素之一。在商务场合可以适当使用香水，以体现个性与品位。但是，如果香水使用不当，就会造成对周围环境的"空气污染"。使用香水应当注意：

（1）避免使用廉价的劣质香水。使用劣质香水还不如不用。如果同时使用其他芳香型化妆品，应当注意香型的调和与统一。

（2）使用香水时，一定要注意选用较为淡雅的香水。有些人对香料过敏，另一些人可能并不喜欢你所使用的香味类型。因此，你所用的香水的味道最好不要太浓烈，以至于别人"无法逃避"。在空气不易流通的空间内，如会客室、电梯间、小轿车内，尤其应当注意香味的浓度。一般来说，在商务场合使用香水，应该使别人在距你一米之内能够闻到，一米之外几乎闻不到，这样才不失礼。

万一你不小心涂抹了太多香水，可以用水冲洗，或是用湿毛巾擦拭，这样可以减轻香味。如果衣服质料许可的话，可用棉花蘸酒精轻擦衣服，以达到去味的目的。持久型香水较难处理，需要将衣服放在通风处，才可以尽快淡化香味。

（3）在一些重要场合（如第一次会见大客户或招聘、应聘时），如果不了解对方的香味喜好，最好少用或不用香水。

（4）参加宴会时要控制使用香水，以免对其他人的嗅觉系统造成干扰，让其他人无法正常享受美味佳肴。在宴会上如果想使用香水，应当涂抹在腰部以下的位置。进食时，口和手等部位绝对要避免涂抹香水。

（5）去医院看病或探视病人不要使用香水，以免对医生和病人造成干扰。

（6）与他人品茶时不可使用香水。

（7）参加丧葬活动不可使用香水，因为使用香水与穿华丽的衣服具有相同的意思。

（8）参加舞会时可以大胆使用富有个性的香水。

（9）香水最好不要抹在容易出汗的地方（如发际、腋窝、脊背、膝弯等处），尤其是麝香等动物性的香水掺杂体臭或汗水后，香味可能会改变，产生令人不舒服的味道，不宜大量洒在身上。易被太阳晒到的暴露部位、易过敏的皮肤部位以及有伤口的部位也不宜涂抹香水。

如果要使香水的香味容易散发，可以抹在脉搏离皮肤比较近的地方，如手腕、耳根、颈侧、膝部、踝部等处。

香水还可以抹在衣服的某些特定部位上，例如内衣、衣领、口袋、裙摆的内侧，以及西装上所用的插巾袋的下端。抹在这些地方既不会污损面料，又容易扩散香味。

（10）香水所使用的香料对外界物质非常敏感，要小心保存。首先要注意容器的密封性，每次使用后须将盖子盖好，这样可以避免香精成分蒸发，也可以防止香水氧化变质。香水不可置于阳光直射的地方，否则香味及颜色都会发生变化。

（11）不要在他人面前涂抹香水。隔一段时间之后，香水的香味会变得较淡，因此需要再度补用。补香水虽很简单，但是同样需要避人。在别人面前涂抹或喷洒香水是一种轻浮与缺乏修养的表现。

## ❓ 小 知 识

### 香水的分类

1. 香精（Parfum）。浓度为 15% ~ 25%，香气持续 5 ~ 7 小时，适合夜晚外出、晚会等隆重正式的场合使用。

2. 香水（eau de Parfum）。浓度为 10% ~ 15%，香气持续 5 小时左右，适合白天会面或外出使用。

3. 淡香水（eau de Toilette）。浓度为 5% ~ 10%，香气持续 3 ~ 4 小时，适宜上班及日常使用。

4. 科隆香水（edu de Cologne）。浓度为 3% ~ 5%，香气持续 1 ~ 2 小时，适宜上班或与他人进行工作交往时使用，也适用于日常生活。

尽管法国香水最为有名，但是历史最久的香水却是德国的科隆香水。香港人按照粤语的发音将其翻译成"古龙香水"，这个名字为更多的中国商务人士所知。

科隆香水最先在 1709 年由移居德国的意大利人在德国的科隆推出。后来，科隆人威廉·米伦正式成立了此种香水的专卖店，店址在科隆的古隆肯大街上。

1794 年，法国军队攻进德国科隆，因为德国的街名和店名比较复杂，难以记忆，所以法军命令科隆大街小巷的所有住户、店铺一律以阿拉伯数字重新命名编号，这家小的香水店正好是"4711"号。法国士兵很喜欢这种香水的味道，称之为"科隆之水"，纷纷购买带回法国。店铺主人顺势将店铺改名为"4711 店"，并将"4711"作为所售香水的商标，由此，4711 科隆香水成为世界著名品牌香水。因为 4711 科隆香水广受欢迎，所以其他品牌的科隆香水也陆续被推出，但仍以"4711"最为著名。

今天的科隆香水常泛指一类香水，其特征为：香精含量在 3% ~ 5% 之间，所用乙醇浓度在 60% ~ 75% 之间。与浓香水、香水、淡香水相比，科隆香水属于最清淡风格，非常适宜商务人员在工作场合使用。

## 习题

1. 对镜检查，看看此时此刻，你在个人卫生方面有哪些地方还需要改进。

2. 请思考，在哪些场合可以使用香水？使用哪种类型的香水比较得体？

# 第四章
# 职业形象：服饰礼仪

## · 第一节 ·
# 职业服装品质的基本要素

在第三章第一节当中，我们分析了形象的社会心理学基础。对于个人形象而言，着装占据着非常重要的地位，应当认真对待。

服装在人类社会的历史发展过程中曾经起着严格的"标识"作用。对于分属各个阶层、团体的人群，其服装及装饰物有严格区分，同时在法律上也予以落实。

在我国古代，官服的颜色、图案都必须按照规定来穿，乱穿衣者必被治罪。如果有人胆敢把只有皇上才能穿的龙袍穿在身上，必定引来杀身之祸，甚至连九族都会跟着遭殃。《左传》曰："服美不称，必以恶终。"

服装除了能够标明社会地位之外，还能够标明社会职业。例如，看上去一尘不染的白色厨师帽配上洁净的厨师服装，让人们觉得这个厨师具有一流的专业水准；而国际约定的绿色邮政服装与医生们通常所穿的白大褂，也让人们立刻就能分辨出哪位是邮递员，哪位是医生。

除此之外，服装还能够标明个人所属之团体及信仰派系、个体在社会活动中所担负的角色等。

人们早已经发现：商品的包装常常能够"说服"人们去购买商品，尤其是当两种商品的品质不相上下时，情况更是如此。例如在购买手机时，很多人会因为外观设计不合心意而放弃购买某种内在性能优越的手机。

商品包装之所以重要，是因为当人们无法通过实际使用去判断商品的品质时，往往会通过商品的包装（外观）来判断商品的内在品质。当你面对商务场合的交往对象（尤其是陌生的交往对象）时，具有职业风范的衣着会清楚地表明你对自己的看法（穿着一丝不苟的人通常自信而沉着）及你对对方的看法（他对你究竟有多重要）。商务人员本身并不是商品。但是，显而易见的事实是，交往对象在深入了解你本人之前，他只能通过你的"外表"来判断你的"品质"。试想，一个连纽扣都扣错的人，顾客会放心地将大额支票交给他吗？

塑造职业化的仪表——为成功而着装，能够帮助我们以更快的速度、更顺利地到达成功的彼岸。

判断职业服装是否具有优良的品质，需要考虑以下三个要素。

## 一、面料

面料，是指由同种或不同种的纤维纺织或编织而成的织物。纤维的种类繁多。取自动植物的纤维（如棉、真丝、羊毛和亚麻）是天然纤维，而涤纶、锦纶、腈纶、氨纶等人工合成的纤维称为合成纤维。天然纤维与合成纤维混合织成的面料称为混纺面料。

使用天然纤维织成的面料，如纯棉、真丝、纯羊毛面料都很耐穿。由于这些面料吸水性好、透气性好，所以穿在身上很舒服。但纯棉、亚麻、真丝面料都有易皱的缺点。纯羊毛面料如果洗涤不当，容易缩水（最好干洗）并易摩擦起球。

合成纤维具有不易起皱、易于保养等优点，但其最大的弱点是无法"呼吸"，也就是说，无法吸收水分，导致人体排出的水分（汗液）不能顺利地挥发到空气中去。即使它们有时"吸收"了水分，也仅仅是停留在面料的表面，所以，完全由合成纤维织成的面料穿在身上，热天会觉得黏糊糊的，冷天又会觉得凉飕飕的。

由天然纤维与合成纤维混合织成的混纺面料能够集不同纤维的优点于一身。例如，棉与氨纶混纺面料集中了棉的舒适和氨纶的弹力大、不易皱的特点，而羊毛与涤纶混纺的面料集中了羊毛的垂感、舒适与涤纶的结实、耐穿的优点。

### 🎯 小知识

## 常见的服装面料的种类及特性

**一、按照面料的材质分类**

1. 棉布：是各类棉纺织品的总称。它多用来制作时装、休闲装、内衣和衬衫。其优点是轻松保暖、柔和贴身，吸湿性、透气性好。其缺点是易缩、易皱。

2. 麻布：是以大麻、亚麻、苎麻、黄麻、剑麻、蕉麻等各种麻类植物纤维制成的布料；其优点是质地坚韧、粗犷、硬挺、凉爽、吸湿性好，是理想的夏季服装面料；其缺点是穿着不太舒适，外观较为粗糙。

3. 丝绸：是以蚕丝为原料纺织而成的各种丝织物的统称。它的品种很多，形态各异。其优点是轻薄、合身、柔软、滑爽、透气、色彩绚丽，富有光泽，高贵典雅，穿着舒适，大多用于制作女士时装。其缺点是易生折皱、容易吸身、不够结实、褪色较快。

4. 呢绒：又叫毛料，它是对用各类羊毛、羊绒织成的织物的泛称。其优点是防皱耐磨、手感柔软、高雅挺括、富有弹性、保暖性强，是制作正规、高档的职业服装的常用面料。其缺点是洗涤较为困难。

国际羊毛局为了保持天然优质纤维的身份，于 1964 年设计了由三个毛线团组成的"纯羊毛标志"（图 4-1），凡纯羊毛制品达到国际羊毛局制定的诸如强力、色牢度、耐磨、可洗性等品质要求，经该局核准，可使用"纯羊毛标志"。纯羊毛标志已成为国际市场上闻名的纺织标志。

5. 皮革：是经过鞣制而成的动物毛皮面料，可以分为两类：一是革皮，即经过去毛处理的皮革；二是裘皮，即处理过的连皮带毛的皮革。其优点是轻盈保暖，雍容华贵。其缺点是价格昂贵，储藏、护理方面要求较高。

图 4-1　纯羊毛标志

6. 化纤：是化学纤维的简称。它是利用天然的或合成的高聚物为原料，经化学和机械方法加工制造而成的纤维，通常分为再生纤维与合成纤维两大门类。其优点是品种多样、色彩鲜艳、各具特色。其缺点是耐热性、吸湿性、透气性较差，遇热容易变形，容易产生静电。它虽可用以制作各类服装，但总体档次不高。目前，一些新型的化纤面料在某些方面已经有了很大改进。

7. 混纺：是将天然纤维与化学纤维按照一定的比例混合纺织而成的织物，可用来制作各种服装。其特色是既吸收了棉、麻、丝、毛和化纤各自的优点，又尽可能地避免了它们各自的缺点，而且在价格上相对较为低廉，所以很受消费者喜爱。

**二、按照面料的纺织方法分类**

1. 机织（梭织）：经纱与纬纱相互垂直交织在一起形成的织物。其基本组织有平纹、斜纹、缎纹，机织面料即是由这三种基本组织及由其交相变化的组织构成。其优点是结实、挺括。其缺点是贴身穿着时不够舒适。

2. 针织：用织针将纱线或长丝构成线圈，再把线圈相互串套而成，针织物的线圈结构特征使其具有较好的弹性。针织面料适宜制作休闲装、运动装和内衣。其优点是柔软、舒适。其缺点是不够挺括，容易变形。

3. 非织造物：由纺织纤维经黏合、熔合或其他机械、化学方法加工而成。常用于特殊用途。

辨别面料质量优劣的常用方法有：

（1）高质量的面料织线紧密、均匀，手感厚实、细腻，外观精美；质量不好的面料手感稀薄、僵硬，外观粗糙。将面料对着光源观察，劣质面料可见织线稀薄或不均匀，面料各处厚薄不一。这样的面料穿在身上会发皱，拉不平。

（2）用手紧紧抓住面料5秒钟后松手，看面料上的褶痕是否会很快消失。如果很长时间（几分钟后）不消失，说明面料易皱。这样的面料穿在身上，膝部、肘部等地方极易出褶且不能自动平复。

（3）用手指捏住面料轻轻摩擦，不应出现粉状灰尘。如果出现粉状灰尘，说明面料上浆过多，而过多上浆常常是为了掩饰面料缺陷。

（4）把两块面料的正面贴在一起轻轻摩擦，如果起球说明质量不佳。高质量的面料不易起球。

（5）将面料与丝袜（或毛衣）轻轻摩擦，若摩擦后面料与丝袜（或毛衣上的纤维）相吸，则说明该面料易起静电。这样的面料（衣物）最好别买，因为穿在身上既不舒服又不雅观。

## 二、做工

服装的做工是指服装在缝制过程中的工艺水平。做工不好的服装，穿着不久就会出现纽扣脱落、缝线开脱等质量问题。常用检验方法有：

（1）将上衣对折，上衣前面两块对襟的长度应一样。

（2）衣领应当平展、左右对称、无皱褶。

（3）衣服的口袋不能使衣服表面拱起或起皱。

（4）衣服的衬里应当与服装面料协调，衣服穿在身上时衬里应平展、宽松，便于身体活动。

（5）垫肩左右对称，穿在身上从外面不应看出垫肩轮廓；肩与袖接缝处不能有皱褶，不能看出针脚；袖窿宽窄适宜，袖窿太窄影响臂部活动，而太宽则影响美观。

（6）衣服上所有的接缝应平展，针脚平直，不能歪歪扭扭；布料边缘应干净利落，衣袖、裤管边缘平直。

（7）纽扣精致、美观、缝纫牢固；纽孔锁边密实、整齐；拉链上下拉动时平滑、无障碍。

（8）如果是条纹、格子图案的衣服，其肩部、领子、口袋、接缝处的图案必须对齐。

## 小知识

### 服装外观的质量要求

1. 门襟顺直、平服、长短一致；里襟不能长于门襟；有拉链唇的应平服、均匀、不起皱、不豁开；拉链不起绺；纽扣顺直均匀、间距相等。

2. 止口（门襟外边沿）丝绺顺直、不反吐、左右宽窄一致（特别要求除外）。

3. 开衩顺直、无搅豁。

4. 口袋方正、平服，袋口不能豁开。

5. 袋盖、贴袋方正平服，前后、高低、大小一致；里袋高低、大小一致，方正，平服。

6. 领豁口大小一致，驳头平服，两端整齐；领窝圆顺，领面平服，松紧适宜；外口顺直不起翘，底领不外露。

7. 肩部平服、肩缝顺直、两肩宽窄一致；拼缝对称。

8. 袖子长短一致；袖口大小、宽窄一致；袖襻高低、长短、宽窄一致。

9. 背部平服、缝位顺直；后腰带水平对称，松紧适宜。

10. 底边圆顺、平服，橡筋、罗纹宽窄一致，罗纹要对准条纹车缝。

11. 各部位里料大小、长短应与面料相适宜，不吊里、不吐里。

12. 车缝在衣服外面两侧的提花织带、提花背带及两边的花纹要对称。

13. 填充物平服、压线均匀、线路整齐、前后片接缝对齐。

14. 面料有绒（毛）的，要分方向，绒（毛）的倒向应整件衣服同向。

15. 热封条平整、不起皱、黏合牢固。

16. 面料上的格子和条纹在接缝处要对准。

## 三、是否合身

一件合身的衣服意味着这件衣服看上去长短肥瘦都正合适，就像是专门为你量身定做的。合身的衣服会使你感觉舒适，而且看上去富有魅力。

要顺利选择到合身的衣服，首先要知道自己身体的确切尺寸。

具体量身方法是：身体自然站直，用软的卷尺测量。

胸围：卷尺绕胸部最宽厚处一周的长度。

腰围：卷尺绕腰部最细处（自然腰际线）一周的长度。

臀围：卷尺绕臀部最宽厚处一周的长度。

我国服装目前使用的号码：上衣是以身高／胸围（单位：厘米）、裤子／裙子是以身高／腰围（单位：厘米）标识的。如女上装 165/84 是指适合身高 165 厘米、胸围 84 厘米的女士穿着。这种标识方法使用起来十分方便。

因为生产厂家不同、设计款式和风格不同，而人的体型又千差万别，所以在选择衣服时不能只看服装的号码，如有可能一定要试穿。试穿时不要只是站在原地，应当抬抬胳膊、走两步、试着蹲一下，体验一下是否舒适、美观。站立时如果衣服出现非设计上的横向、纵向或斜向的皱褶，说明衣服太大、太小或有做工、质量问题。合身的衣服穿在身上平整、服帖，既适合身体的曲线，又不限制身体的活动。

最后需要提醒大家注意的是：衣服的生产环节非常烦琐，比如原材料中的棉、麻在种植过程中，为了预防或消灭害虫及植物病毒会使用杀虫剂，为了增加产量还会使用化肥。在收获的时候，农药或各种化学残留物都会残留在棉花纤维和麻纤维当中。在储存这些原材料时，因要使用五氯苯酚等防腐剂、防霉剂，又增加了有害的残留物。在衣料的生产过程中，还要使用氧化剂、催化剂、阻燃剂、去污剂、荧光增白剂等化学物质。所有这些物质，如果直接接触皮肤，有可能被皮肤直接吸收，继而对人体产生毒害。在挑选衣服的时候，一定要看清衣服的标志、厂商的名称和地址、衣服规格、成分含量、洗涤方法以及产品合格证等，以免买到劣质产品。另外，挑选衣服时还要闻闻味道，如果衣服散发出刺激的异味，就说明甲醛等有害物的残留量比较高，最好不要购买。

在穿新衣服前，尤其是那些直接接触皮肤的衣服，最好先仔细清洗。不能水洗的衣服，也应当打开包装晾晒 1 ~ 2 天。

拿到干洗店干洗完的衣服，应当挂在通风处，让衣物上的干洗剂挥发掉，然后再穿。

## 习题

1. 判断职业服装是否具有优良的品质，需要考虑哪三个要素？

2. 打开自己的衣橱，判断一下哪些衣服的品质较好，哪些衣服的品质较差？

# 职业服装审美的基本要素之一：色彩

在前面一节我们探讨了决定服装品质的要素，在接下来的几节当中我们要探讨的是职业服装审美的三要素——色彩、款式和饰品。

我们生活在一个色彩斑斓的世界当中，尽管我们有的时候并没有意识到某些颜色的存在，但是这些颜色一直都在悄悄地影响着我们对世界的感受。无论是一幅图画、一种产品，还是一个人，色彩在第一印象当中往往占据着很大的比重。

有人曾经做过一个实验：一个人从远处走来，首先进入观察者眼帘的是服装的色彩，然后才是人的轮廓、面目，最后是衣服的款式、花纹和其他饰物。

色彩能立即吸引人的注意力，比图形、形态更具功效，而且有效距离更远。因此，塑造成功的职业化仪表，首先要准确把握自己的服装色彩。

## 一、关于色彩的几个基本概念

### 1. 色彩三要素

所有色彩都具有三个基本的要素：色相、明度和纯度。

（1）色相：又叫做色名，是指色彩的名称。色相的作用是区分不同的色彩。十二基本色相（按光谱顺序）为：红、橙红、黄橙、黄、黄绿、绿、绿蓝、蓝绿、蓝、蓝紫、紫、紫红。这些都称为"有彩色"，而黑、白、灰称为"无彩色"。

（2）明度：色彩的明度指的是色彩的明暗强度。明度高的色彩感觉比较明亮，而明度低的色彩感觉比较灰暗。例如，浅黄色的明度要比墨绿色的明度高。

（3）纯度：又叫彩度，它是指色彩饱和的程度，或是指色彩的纯净程度。纯度降低是因为颜色中加入了黑、灰或白，浊色感觉增强，因而不再鲜艳。拿正红来说，有鲜艳无杂质的纯红，有如"凋零干枯的玫瑰"般的深红，也有较淡薄的粉红。它们的色相都相同，都是红色，但纯度不同。纯度越高，颜色越艳；纯度越低，颜色越涩、越浊。纯色的纯度最高。

### 2. 配色三要素

色彩通常并不单一存在，选择合适的色彩进行恰当的搭配，能够产生更好的视觉效果。

（1）光学要素：包括明度、色相、纯度。

（2）存在条件：包括面积、形状、肌理、位置。

（3）心理因素：包括冷暖感、进退感、轻重感、软硬感、朴素感或华丽感。

色彩依明度、色相、纯度、面积、材质、冷暖等要素的不同而不同，而色彩间的对比调和效果则更加千变万化。因此，我们需要了解人们对于不同色彩的心理感觉，如表4-1所示。

表4-1　色彩带给人的心理感觉

| 色 相 | 正面的心理感觉 | 负面的心理感觉 |
|---|---|---|
| 红色 | 积极，热诚，温暖，前进，热烈，朝气，活力 | 警告，危险，禁止，着火，流血，侵略，残忍，骚动 |
| 橙色 | 温暖，活泼，热情 | 警戒，刺眼 |
| 黄色 | 明亮，活泼，阳光，喜悦，光彩，乐观 | 警告，嫉妒，挑衅 |
| 绿色 | 清爽，理想，希望，生长，和平，平衡，和谐，诚实，富足，肥沃 | 贪婪，猜忌，厌恶，毒药，腐蚀 |
| 蓝色 | 沉稳，理智，准确，秩序，忠诚 | 忧郁，疏远，压抑，寒冷，无情 |

续表

| 色 相 | 正面的心理感觉 | 负面的心理感觉 |
|---|---|---|
| 紫色 | 细腻，温存，女性化，神秘，浪漫 | 不稳定，偏见，傲慢 |
| 褐色 | 古典，优雅，亲切 | 无个性，平庸，陈旧 |
| 白色 | 纯洁，无私，善良，信任，高级，科技 | 寒冷，平淡，严峻 |
| 黑色 | 权威，高贵，稳重，庄严，执着 | 压抑，忧郁，沉重 |
| 灰色 | 柔和，高雅，科技，沉稳，考究 | 沉闷，呆板，僵硬 |

## 二、职场服装色彩搭配注意事项

（1）因为"人的知觉在根本上就具有单一化和统一化的倾向"，因此"造型艺术中单纯的形和单纯的色最具感召力，能使效果更集中、更强烈、更醒目，也更容易记忆"。在职业服装的用色当中，忌多、忌杂。通常，服装用色不应超过三个，并且要以其中一种作为主色，另外两种作为点缀色。点缀色的面积一般比主色小，且明度越高，面积应越小。

（2）深蓝色、深灰色和黑色套装（指上下装颜色一致、面料一致的成套穿着的服装）搭配白衬衫，是商务场合最常见的搭配方法。这种搭配方法能够产生更多权威感，提高着装者的可信度。

对于男士来说，深蓝色或深灰色西服套装加白衬衫，几乎可以应对绝大部分正式场合。黑色在西方为男士礼服用色，黑色西服套装通常用于婚礼、葬礼以及大型颁奖典礼等极为隆重的场合。

对于女士来说，穿黑色套装能够体现更多的时尚品位，可以用于一般的正式场合。

（3）服装色彩是服装感观的第一印象，恰到好处地运用色彩的进退感、轻重感、软硬感，可以起到掩饰身材的不足、突出身材优点的作用。例如，身材上轻下重的体形，可以选用深色轻软的面料做成裙装或裤装，以此来削弱下肢的重量感。

（4）如果您日常商务活动的场所是办公室，那么应当多使用低纯度的色彩作为主色。低纯度的色彩给人以谦逊、宽容、成熟的感觉，易于营造沉静和谐的气氛，让大家能够专心致志、平心静气地工作。办公室通常空间比较有限，低纯度的色彩还可以减少拥挤感。

另外，纯度低的颜色还易于搭配，利用率比较高，在购买高档的职业服装时尤其要注意这一点。

（5）相同的色彩在不同质地的纺织品（或皮革等）衣料上会产生不同的效果。在天鹅绒面料上显得高雅华丽的颜色，在涤纶面料上可能就显得毫无吸引力。面料的种类繁多，有起绒织物、化纤织物、丝织物或毛织物等，粗与细、厚与薄、无光与闪光、光滑与毛绒、挺括与柔软，每种织物各自有其独特的色彩效果。在购买服装时，除了要考虑色彩，还要考虑面料的质感美，将色彩美与质感美巧妙组合起来，增加服装的立体韵味。

有一位女士十分喜爱浅米色，拥有好几套款式不同的米色衣服。可是，当她穿着她最爱的衣服出门时，常常有人会问她："你最近脸色不好，是不是太累了？"。

大家知道，我们的皮肤是有颜色的。仔细比较不难发现，有些人皮肤偏黄，有些人皮肤偏红。同样是两个肤色较白的人，一个白得热情，一个白得冷静。同样长着黑眼睛、黑头发的一群人，仔细比较一下便又会发现：有的人瞳孔接近于黑色，而有的人瞳孔却是浅褐色。头发颜色亦是如此。当你用同一种颜色的布料衬托两张不同的脸时，有一张脸显得丰润、年轻，连脸上的皱纹、黑眼圈、斑点等似乎都隐没在焕发的光彩里，让你忽视了它们的存在；而另一张脸却在这种颜色的衬托下黯然失色，脸色发黄、发灰，皱纹、黑眼圈、斑点明显可见，看上去似乎不是生了病就是熬了夜。同样，在两种属性不同的颜色的衬托下，一种颜色会使你的脸显得精神焕发，而另一种却使你看上去萎靡不振。

自己喜欢的颜色并不一定适合自己，找到适合自己的颜色十分重要。

目前流行的"四季色彩理论"将生活中的常用颜色按照其基调的不同划分为四大组，由于各组颜色的特征恰好与大自然的四季色彩特征相吻合，故分别命名为"春""夏""秋""冬"。其中，"春"与"秋"属暖色系，"夏"和"冬"属冷色系。

传统观念认为，绿色、蓝色为冷色系，红色、黄色为暖色系。而新的色彩理论认为，当红色中加入了黄色时，这种偏黄的红色（如砖红）属于红色调中的暖色系；而当红色中加入了蓝色时，这种偏蓝的红色（如紫红）属于红色调中的冷色系。同理，黄绿色属于绿色调中的暖色系，而蓝绿色则属于绿色调中的冷色系。

### 小知识

## 四季色彩理论

春天（图4-2）阳光明媚，草木冒出黄绿色的新芽，满山遍野的桃花、杏花、樱花竞相开放，到处都是明亮、鲜艳、轻快的颜色。

春季型人的特征

皮肤：浅淡透明的象牙色。

眼睛：明亮有神、浅棕黄色眼珠。

头发：柔软的棕黄色。

春季型人适合的典型色彩：清新的黄绿色、杏色、亮金色、浅棕色、浅鲑肉色。

夏天（图4-3）春天的新绿已经变成了浅正绿色，阳光照在海面上，周围是一片雾蒙蒙的、浅浅淡淡的水蓝色，一切看起来朦胧和梦幻。

夏季型人的特征

皮肤：细腻而白净、面带冷玫瑰色色晕。

眼睛：眼神柔和、深棕色或黑色眼珠。

头发：柔软的棕黑色。

夏季型人适合的典型色彩：淡蓝色、蓝灰色、薰衣草紫、粉红、

图4-2 春季的色彩

图4-3 夏季的色彩

浅正绿。

秋天（图4-4）树林的叶子慢慢变成金黄色，地上铺满了枯黄的落叶，金灿灿的麦穗长满四野，世界的色彩华丽、厚重、浓郁。

秋季型人的特征

皮肤：匀称的深象牙色，皮肤不易出红晕。

眼睛：深棕色的眼珠和沉稳的眼神。

头发：偏黑的深棕色。

图4-4　秋季的色彩

秋季型人适合的典型色彩：橙色、金色、褐色系、橄榄绿、芥末黄、兔色、深棕色等。

冬天（图4-5）冬天的色彩有着鲜明的对比。白雪覆盖的大地与黑色的树干以及漫漫无尽的黑夜都鲜明地存在，人们拿着大红大绿的礼物准备过年。一切看起来都显得对比、纯正、饱和。

冬季型人的特征

皮肤：青白的小麦色或土褐色。

眼睛：眼神锋利、黑色眼珠。

头发：乌黑浓密。

图4-5　冬季的色彩

冬季型人属于冷色系里的重型人。

冬季型人适合的典型色彩：银灰色、纯黑色、深紫红、海军蓝、玫瑰粉色。

如果你明显符合春、夏、秋、冬其中一组的特征，那么你可能就是属于这个类型。如果你无法分辨，还可借助图4-6所示进行判断。

如果你仍然无法判断自己的色彩属性，建议你去请教专业色彩顾问。虽然会因此花一些咨询费，但如果因为选错颜色而不得不将一些衣服及饰品扔掉，二者相比，花少量咨询费还是值得的！

鉴别出自己的色彩属性后，可以参照表4-2选择颜色。

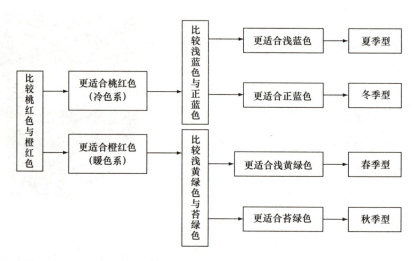

图 4-6　四季类型判断参考图

### 表4-2　四季色彩属性与适合颜色参考表

| 色彩属性 | 春 | 夏 | 秋 | 冬 |
|---|---|---|---|---|
| 红色系 | 清新的橙红 | 清新的正红 | 橙红 | 正红 |
| 粉红色系 | 清新的珊瑚色、浅杏桃色、浅鲑肉色 | 所有的粉红色系 | 珊瑚色、杏桃色、鲑肉色 | 桃红、鲜艳的粉红、冰粉红 |
| 橙色系 | 清新的橙色系 | 无 | 所有的橙色系 | 无 |
| 黄色系 | 清新的柠檬黄，柔和的带金黄色调的黄 | 粉彩的柠檬黄 | 所有带金黄色调的黄 | 正黄、冰黄 |
| 棕褐色 | 任何浅且柔和的棕褐色系，如淡棕色、骆驼色、金褐色 | 带玫瑰、烟灰的棕褐色系，如可可色、灰褐色 | 所有的棕褐色系 | 黑褐色 |
| 绿色系 | 清新的黄绿色系 | 各种不鲜艳的蓝绿色系 | 浓郁的暖绿色，如黄绿色、橄榄绿、杉叶绿 | 正绿、鲜艳的蓝绿、深绿、冰绿 |

续表

| 色彩属性 | 春 | 夏 | 秋 | 冬 |
|---|---|---|---|---|
| 蓝色系 | 各种清新的蓝、紫蓝 | 任何蓝色，只要不过于鲜艳 | 浓郁的紫蓝、绿蓝 | 任何鲜艳的蓝，如正蓝、宝蓝、水蓝、冰蓝以及海军蓝 |
| 紫色系 | 清新的、偏黄的紫色系 | 粉紫、淡紫或不鲜艳的深紫 | 浓郁的、偏黄的紫色系 | 任何鲜艳的紫、冰紫 |
| 黑色系 | 可将黑色作为点缀色 | 烟黑色 | 铁灰色 | 黑色 |
| 白色系 | 牛奶白及较浅的象牙白 | 牛奶白 | 任何带有黄调的白，如象牙白、米白色 | 纯白 |
| 金色系 | 亮金色 | 无 | 所有金色 | 无 |

## 习题

1. 哪些颜色搭配最易产生权威感？

2. 什么季节的颜色最适合你？

## · 第三节 ·

# 职业服装审美的基本要素之二：款式

职业人士的衣装美除了色彩之外，另外一个重要的因素就是款式了。选择不同的款式可以体现出着装者不同的态度，比如严肃的、轻松的、严谨的、随意的、职业的、休闲的、中性的、性感的、端庄的和亲切的等。

商务人员在选择衣着款式时主要应当考虑以下几点。

## 一、符合行业风格、公司风格和岗位风格

不同的行业其着装风格各有不同，金融业、法律业、公务员的着装相对保守，而广告业等与艺术相关的行业着装却要求有更多的时尚与创意。同样属于 IT 行业，IBM 与微软的着装要求又各有不同。即使是同一家公司，不同岗位之间的着装要求也会有很大差别，人事、营销、财务等常常与内部客户或外部客户打交道的部门，要求着装更为保守和正式。

服装的风格体现着企业文化，如果一个人的着装风格（引申为行为风格）不能与企业文化相吻合，那么他（她）在这个企业当中可能很难"如鱼得水"——用通俗的话来讲，叫做"物以类聚，人以群分"。如果你搞不懂究竟应当穿什么，那么，仔细观察你的上司，和他（她）的风格一致即可。

## 二、选择与场合相对应的风格

所谓"场合"，是指由一定的时间、地点、人员等构成的某种环境。上小学的时候，老师讲过"时间、地点、人物"是记叙文的三要素。商务人员在选择服装款式（包括色彩与饰品）的时候，同样先要想清楚所选择的衣服将要在什么时间、什么地点、见什么人的时候穿。即使是世界著名时装设计师设计的晚礼服，你要是穿着它挤公共汽车，恐怕也很难有人说你"形象高雅迷人"。当然，这种极端的例子很少发生。但是在正式场合穿休闲装的却大有人在，在旅游休闲时又穿了正式的西服套装的也大有人在。

如果你穿着旅游鞋进写字楼、穿着高跟鞋登长城，那么你在让别人不舒服的同时也让自己受了苦。自己受委屈倒也罢了，麻烦的是你的工作会受到影响！客户西装革履地坐在那里，而你却一袭布衣草鞋坐在他对面，除非你是卖布衣草鞋的，否则除了布衣草鞋类的东西你恐怕都很难销售给他。当然也会有例外，假如客户很清楚你拥有与爱因斯坦一样聪明的大脑，那么他一定不会在意你如爱因斯坦一般不修边幅的外表。但问题是，在客户或上司没了解你之前，你可能就已经被当成是卖草鞋的人而被他们草草打发了——你满脑子了不起的想法很可能没有机会讲给他们听了！

如果公司没有统一的制服，那么一定要先根据时间、地点、交往对象以及自身所属的行业、公司、岗位因素做综合考虑，然后再决定自己的着装风格。专业的服装设计师们每年都会发布新的色彩与流行款式趋势，服装款式的各个细节每年都会发生一些变化，这给大家提供了更多的创意素材。

商务人员在工作与生活当中的主要交际场合有：正式场合、半正式场合、休闲场合、商务酒会、晚宴、运动场合以及家居场合等。

商务人员的正式场合指的是商务谈判、重要的商务会议、求职面试等正规、严肃的场合。以下是正装的着装要求。

### 1. 男士

（1）西服。

男士在正式场合通常穿正式的西服套装（上下装面料相同、颜色相同）。纯黑色西服在西方通常用于婚礼、葬礼及其他极为隆重的场合，而正式的商务场合最常使用的西服套装颜色为深蓝色和深灰色。深蓝色或深灰色西服套装搭配白衬衫，是商务场合男士的必备服装。

西服是男士在正式商务场合中必备的正式服装，应当尽量选择高档面料，以100%羊毛面料为首选，羊毛含量很高的混纺面料次之。

西服分为三种基本的款式，即美式、意大利式和英式。美式西服一般是单排扣、直筒式、带小垫肩，上衣后部下摆的中间开一个衩；意大利式西服非常贴身，垫肩较厚，上衣下摆一般不开衩；英式西服顺应身体曲线，在腰部稍微收紧，肩部柔软、稍垫肩，上衣下摆两侧开衩。

此外，其他国家的西服也有各自的特点。日版的西服一般不收腰，而欧版西服一般都收腰，日版西服的后衣身长度要比欧版西服短1厘米左右。

目前国内几家著名西服生产厂家的西服款式与型号都是根据中国人的体型设计的，很符合一般中国人的身材。

按照纽扣风格的不同，又可将西服划分为单排扣和双排扣两种类型。双排扣西服适合运动员体型（宽肩、细腰、窄臀）的男士穿着，比单排扣西装更显热情与活力。但是在选择这种双排扣西服时，应考虑周围是否有人穿这种样式，以免显得太出众（太时尚或者太落伍）。双排扣西服通常有4粒或6粒纽扣，半数以上为装饰性纽扣。

单排扣西服常见的有2粒扣和3粒扣。3粒扣西服更严肃一些，2粒扣西服更潇洒一些。这两种西服扣纽扣时，最下面的一个纽扣都不要扣上。对于3粒扣西服来说，或者扣住上面2粒，或者只扣中间1粒，你觉得哪种扣法更好看就用哪种。非正式场合全都不扣也可以，但要注意把衣角拉平。

西服有许多口袋，如何利用这些口袋是很有讲究的，以下是一些参考意见。

上衣内胸袋：可放袖珍记事本、信封式钱包、一支钢笔。

上衣外胸袋：只能放一条真丝手帕（装饰手帕，不能用来擦脸）。

上衣外侧袋：名片夹、便条（每天晚上要取空），此外什么也不要放，否则口袋鼓鼓的很不雅观。

边裤袋：零钱、小串钥匙、手帕。

后裤袋：一个小钱包（假如看上去太鼓，则应放在上衣内胸袋里）。

刚买来的西服如果袖口上缝有商标，应当将商标拆除后再穿。

（2）领带。

领带是西服套装不可缺少的配件。100%优质真丝面料制成的领带是商界男士的首选，它具有轻、柔、细腻、光泽度好的特点，打出的结比较漂亮。领带在平放时应该很平滑，垂下时应该很直、不扭曲。

挑选时应拿起领带，仔细检查有无织造、制作、染色、印花瑕疵，尤其是大头一端30厘米以内必须整洁无瑕疵、平整不扭曲。用手在领带上攥一下再松开，观察面料是否很快复原，长时间不复原的领带弹性差、易起皱。

领带的宽窄要和西服翻领的宽窄相协调，也要和你的体型相协调。瘦小的人不要戴过于宽大的领带，魁梧的人也不要戴细细小小的领带。

领带有多种打法，常用的两种打法如图4-7、图4-8所示。

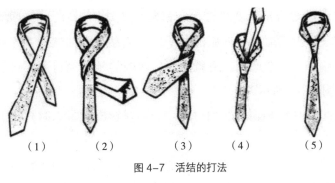

（1）　　（2）　　（3）　　（4）　　（5）

图4-7　活结的打法

（1）　　（2）　　（3）　　（4）　　（5）　　（6）

图4-8　半四方结的打法

图4-9 领带的长度

领带系好后，站立时其尖端应该落在腰带扣上下缘范围内，看上去最为稳定、美观，如图4-9所示。

正式场合西装内通常不穿毛衣或毛背心，可以配穿西装背心，此时领带应当放在背心里面。

天热出汗时可拿掉领带、松开领口。不可将松开的领带继续挂在脖子上，此形象极为不雅。

如果使用领带夹，扣上西装扣子时领带夹不能露出。

领带的花色可根据不同爱好、不同场合进行选择。正式的场合中领带花色应该庄重、保守。纯黑色领带（黑色无花纹）只用于参加葬礼。不规则大型图案的领带以及卡通、人物、花卉图案的领带通常不用于正式场合。

（3）衬衫。

正式场合中，与西服相配的衬衫以白色为首选。春季色型和秋季色型（详见本章第二节的"四季色彩理论"）可选乳白色（偏黄色的白）衬衫，冬季色型和夏季色型可选纯白色（或偏蓝色的白）衬衫。

衬衫领围大小要合适，宽松度以正好能插入2指为宜，领口要干净、平整、不起皱。穿上西服时，西服的领子应当紧贴衬衫的领子，并且衬衫衣领应比西服领高1～2厘米。也就是说，西服的领子绝对不要接触到颈部的皮肤，如图4-10所示。

与西服相配的衬衫必须是长袖衬衫。长袖衬衫配领带，时衬衫下摆应束在长裤里面。

正装衬衫的袖口有两种：一种是普通的圆筒式袖口，由1粒或2粒扣子扣上；另一种是法式袖口，用袖链或袖扣联结，感觉上更加优雅华美。衬衫袖子应长短合适。穿西服曲肘时，圆筒式衬衫袖口应露出西装袖口外1～2厘米，袖口纽扣不露出，如图4-11所示。法式衬衫的袖扣应当完全露出，如图4-12所示。

（4）鞋。

在正式场合，西服相配的鞋最好是黑色的皮鞋（深咖啡色皮鞋也可以，但绝不可搭配旅游鞋或软牛皮休闲鞋），配上黑色、深蓝色或深灰色的袜子。半正式场合穿咖啡色西服时，只能搭配咖啡色的袜子和咖啡色的鞋（近年也开始流行以深咖啡色的鞋搭配其他颜色的深色西服）。

系鞋带的皮鞋要比没有鞋带的皮鞋更正式。

图 4-10　西装领口与衬衫领口的搭配

图 4-12　法式衬衫的袖口与袖扣　　　　　图 4-11　西装袖口与圆筒式衬衫袖口的搭配

（5）袜。

不要选择纯化纤的袜子，这类袜子透气性差，应当选择纯棉或毛棉混纺的袜子。配西服的袜筒应当足够长并且具有较好的弹力，保证坐下时小腿皮肤不外露。穿西服时小腿皮肤外露则很不雅观。

（6）腰带。

西服腰带应当简洁、精致，通常是黑色、深蓝色或咖啡色，要与西服颜色相协调，并与鞋、公文包的颜色一致。配正装西服的腰带仍然首选黑色。

### 2. 女士

（1）套装。

在正式的商务场合中，与男士西服相对应的是女士西服套裙或套裤（上衣领子与男士西装领子相似），通常西服套裙又比西服套裤更正式。

在正式场合当中，女士的职业套装上衣可以搭配衬衣。

穿着正装套裙时，裙长最好不短于膝盖以上3厘米，不长于膝盖以下5厘米。

（2）袜。

与西服套裙相配的袜子最好是肤色丝袜。应当选择弹力好的无花纹丝袜。穿着时丝袜不可出现任何褶皱或脱丝、破洞现象。与男士一样，任何时候都不允许露出袜口。由于丝袜容易破损，所以应当在手提包中放一双备用。

（3）鞋。

与经典西服套裙相配的鞋最好是传统式样的船鞋，根据行业及岗位的不同可以适当变化，但最好不要露出脚趾。

鞋的颜色与式样要和套装相互搭配。在正式的商务场合，穿职业套装时应当搭配传统款式的船鞋。露出脚趾的凉鞋款式根据其材质、颜色等不同，可以搭配休闲装或晚装，通常穿此类露脚趾的鞋时不穿袜子，因此一定要把脚趾修剪得干净美观。

特别需要注意的是，应当经常保持鞋面清洁光亮、鞋跟完好无损。肮脏、破损的鞋子会让你的职业形象大打折扣。

### 习题

1. 男士穿正装时应当注意哪些问题？
2. 女士穿正装套裙时应当注意哪些问题？

## · 第四节 ·

# 职业服装审美的基本要素之三：饰品

职业服装除了色彩美与款式美之外，各种饰品对服装的整体美也有着重要的作用。

## 一、男士饰品

### 1. 胸袋巾的折放法

对穿着西装的男士而言，胸袋巾（图4-13）是一种重要的装饰。胸袋巾的材质有丝、麻、棉、蕾丝等。有各种不同的折法，图4-13是一种最简单的折法。在正式场合穿着深色西装或黑色礼服时，胸袋巾是增添绅士魅力的重要饰品。

要注意，胸袋巾千万不要拿来擦脸！

### 2. 手表

手表是男士最重要的饰品，其颜色、款式应当适合自己的个人风格并与场合相适应。名贵的手表不仅可用来计时，更代表着典雅和尊贵。

图 4-13　胸袋巾

商务男士搭配正装的手表，直径以 36 ~ 38 毫米为佳，不宜过大或过小。搭配正装的手表表带，以黑色、棕色系光面皮质表带为经典，近年也流行不锈钢质（银色系或金色系金属色）表带。商务人士日常工作当中，选用皮质表带或不锈钢质表带均可。手表的颜色应与衬衫袖口的颜色搭配协调，不要过于耀眼或给人以"突兀"的感觉。

休闲或运动场合应当佩戴运动表，但在做剧烈运动（包括挥杆击打高尔夫球时），应将手表摘下并妥善存放，否则容易在运动过程中对人员或手表造成伤害。

### 3. 围巾

在冬季穿大衣时，男士可以选择黑色、灰色、深蓝色或咖啡色围巾用于较正式场合。

注意：进入室内后，应将围巾连同大衣（风衣）、帽子、手套一起脱下，任何时候在室内都不可以戴围巾、帽子、手套。

### 4. 袜子

大多情况下，男士的长裤会直达鞋面，别人只有仔细观察才能见到袜子的存在。尽管如此，袜子的色彩、质地、清洁度都会影响男士的形象。配正装的袜子应当选择黑色、深蓝色或深灰色。如果西装是灰色的，可以选择深灰色的袜子；深蓝色的西装就应该配深蓝色的袜子。商务便装中的米色西装则应搭配米色袜子。白色和浅色的纯棉袜是休闲袜，用来配休闲风格的衣裤和便鞋。浅色的运动装可以搭配白色的运动袜。

穿正装时，袜筒不能太短，要保证坐下时小腿皮肤不会露出。但也不能太长，其长度应该在小腿肚以下。

购买袜子时应注意，袜子也有男式与女式之分，男士千万不要把女式的丝袜穿在脚上。

### 5. 包

应当选择质地优良、做工精致的公文包或手提包，以黑色为最佳，最易搭配。包上不宜有过多装饰物。如有金属点缀物，其颜色应当和腰带扣、眼镜框、手表等饰品的色调相协调。

钱包的风格应与公文包一致。

### 6. 笔

商务男士应当随身携带一支优质钢笔，放在西装上衣的内侧袋中。另外在公文包里至少还应准备一支笔备用。

### 7. 伞

应当选用质量上乘的雨伞，最好为黑色。

### 8. 首饰

每只手最多只能戴一枚戒指。在商务场合，男士最好不要戴耳环。穿正装时项链不能露出。

### 9. 眼镜

眼镜除了有矫正视力的作用外，还能起到装饰作用。因此，眼镜的颜色要适合自己，并且与其他饰品相协调。如果戴墨镜，进入室内时应当将其摘掉。在室外如果见到其他人需要打招呼或谈话时，也应当摘掉墨镜，否则会造成目光交流障碍，是失礼的表现。商务人员平时工作宜选择金属色、黑色或棕色镜框的眼镜，镜片应清澈透明。不宜选用有色的镜片。

### 10. 腰带与背带

腰带和背带不应同时使用。

搭配正装西裤的腰带，颜色应与皮鞋、公文包一致，以黑色为首选，宽度通常为 1.5 英寸（约 3.8 厘米），腰带扣应简洁大方。系好腰带后，腰带头应该穿过裤子前片的第一个裤襻，不要太短或太长。腰带上要多留出一个扣眼，以免感觉腰带太紧的时候无法放松。腰带上不要挂手机、钥匙链等物品。不要在公共场合整理腰带。

如果使用背带，则应选择条纹或小型图案的背带，并注意背带的风格要与领带协调。

### 11. 袖扣

商务男士穿法式袖口的衬衫时，应使用袖扣（图 4-14）。袖扣的风格应精致、大气，并与衬衫、西服（或礼服）以及腰带扣的风格

图 4-14　袖扣

相协调。一般来说，金属和珐琅材质的袖扣较为优雅，镶嵌宝石、钻石的袖扣更为华贵。在正式场合穿法式袖口的衬衫时，应同时穿西服或礼服上衣，抬手或屈肘时（例如与人握手或喝咖啡时）袖扣应当完全露出。

## 二、女士饰品

### 1. 首饰

在商务场合穿职业装时，女士应当佩戴小型的、质量上乘的首饰，不可佩戴过于显眼的首饰。每只手只限戴一枚戒指。需要注意的是，首饰的质量一定要优良，佩戴质量低劣的首饰还不如不戴。在工作场所，首饰的选择以不妨碍工作为基本原则，太大的坠子、太长的项链、摇曳生辉的耳环、镶有大颗宝石的戒指、活动时叮当作响的首饰都不宜出现在操作及服务岗位上。如果首饰可能会妨碍工作，那么就留到下班以后再佩戴。

选择首饰时，应当考虑：

（1）选择适合自己的首饰色彩（注意：以下内容对于男士同样适用）。首饰同服装一样，其色彩是美的第一重要因素。金属质感的首饰本身的色彩可分为黄金色和铂金色两大色系，分别属于暖色和冷色两大阵营。当我们皮肤的冷暖性质与首饰的冷暖性质协调一致时，肤色和首饰才能相互辉映，人显得气质高贵，首饰显得精致华美。而如果二者不协调，首饰显得低档，人显得庸俗。

春季色型和秋季色型的人皮肤颜色属于暖色调，最能够将黄金饰品戴出华丽气质。从光泽感较弱、色泽重的24K黄金到光亮强但色泽浅的18K、14K黄金等，都很适合暖色调皮肤的人。春季型的人肤色较白皙，发色也比较浅淡，佩戴K金最为适合；肤色较深的秋季型人更适合足金、镍金等接近铜色的黄金饰品，它们最能表现佩戴者的魅力。暖色调皮肤的人如果佩戴铂金色的首饰，反而会将原本典雅的铂金戴出廉价感。

夏季色型和冬季色型的人皮肤颜色属于冷色调，如果戴黄金色系的饰品会显得很庸俗，但是戴铂金色系却显得非常高贵时尚。除了铂金之外，银饰品和不锈钢饰品都是不错的选择。

（2）仔细选择不同材质的饰品。黄金、白银、珍珠、翡翠等材质各有各的风格，一般情况下应当避免既穿金、戴银，又挂珍珠、佩翡翠，否则别人眼中的自己便犹如一棵圣诞树，热闹有余而魅力不足。

（3）选择与场合及服装相宜的饰品。不同的场合要穿不同款式的服装，穿不同的服装时要根据场合与服装款式选择不同风格的饰品。如果同时戴耳环、项链、戒指等，最好选择成套设计的，才不会显得杂乱、没有章法。搭配职业套装的首饰应当简单、大方、经典、精致。搭配休闲装的首饰选择夸张的、鲜艳的或自然朴素的均可，但是太简单或太小的会显得比较乏味。搭配晚礼服的首饰宜华丽、高贵。

（4）选择与自己的容貌、身材相宜的饰品。人的身材、长相各不相同，相同的首饰戴在不同人的身上效果可能大为不同。选择首饰时不要盲目跟随潮流，一定要注意选择那些能够"扬长避短"的首饰。例如，身材矮胖的人不要用时尚的珍珠项链，脖子细长而手腕粗壮的人可以多戴项链而放弃手链。

### 2. 丝巾

丝巾是职业女士的必备之物。丝巾的材质、款式、花色繁多，选择时要适合自己的肤色及服装质料、款式、颜色。真丝面料的丝巾打出的结最柔顺、最飘逸。如果财力有限，挑选时最好穿上目标服装到现场进行实物搭配，避免造成不必要的浪费。

### 3. 包

女士时装大多无口袋，即使有口袋大多也只是作为装饰，如果里面放满东西必然会影响整体造型。因此，女士常用的重要物品，如手机、化妆工具、钥匙等都要放在必备的包里。应当尽量选择质地优良的包，避免关键时刻发生背带断裂或拉链坏掉等情况，造成不必要的尴尬局面。在选择颜色及款式时，应当考虑能与大部分职业服装相配。

### 4. 伞

最好备有一把折叠式晴雨两用伞，在雨天或艳阳天都可以从容应付。注意伞的质量一定要好。一把伸缩不畅或歪歪扭扭的伞会使你的职业形象大打折扣。女士的伞的颜色也要和服装相协调。

### 5. 笔

职业女性身边应当常备一支书写流畅的笔，笔的颜色和其他饰品的颜色一定要和谐统一。以避免需要时到处借笔的麻烦与尴尬。

### 6. 眼镜

眼镜能给女士增添知性、智慧的感觉。眼镜直接戴在脸上，选择颜色的时候丝毫不能大意，一定要和皮肤颜色及服装颜色相协调。如果需要体现更多秀丽的风采，则可以换成隐形眼镜。目前有很多彩色的隐形眼镜，可以改变瞳孔的颜色。在商务场合不要随便佩戴彩色的隐形眼镜。

### 7. 丝袜

丝袜是女士服装的重要配件，搭配得好，可以起到很强的美化效果，搭配得不好，同样可以毁坏整体效果。女性商务人员在正式场合和半正式场合只能穿与皮肤颜色接近的袜子，绝不可以穿彩色袜子，否则会显得过于花哨、幼稚。条纹、网格等也会破坏权威感。较深的颜色会产生收缩感，使双腿显得较细，但也要注意与服装颜色的重量感相适应。通常，丝袜的颜色应浅于皮鞋的颜色。大花图案和不透明的丝袜最宜搭配休闲装和平跟的休闲鞋。

## 习题

你适合金色的饰品还是银色的饰品？

## ◦ 第五节 ◦
# 商务休闲装

在日常上班等半正式场合，大家可以选择商务休闲装。不论是男士，还是女士，商务休闲装均分为三个品级。在这一节中，我们将共同分享商务休闲装的品级界定和特点。

## 一、女士商务休闲装的品级及特点

### 1. 女士商务休闲装的品级

女士商务休闲装品级的界定标准为：以正装的款式、面料、颜色、图案、配饰五个点为基准，若出现一个非正装特点就是一品级商务休闲装；出现两个非正装特点就是二品级商务休闲装；出现三个非正装特点就是三品级商务休闲装。出现四个及以上非正装特点就是纯休闲装。

图4-15中模特展示的是一套一品级商务休闲装。我们发现，这套衣服是在正装的基础上，由一件白色西装取代了原有的上衣，形成了非正装。这是由颜色的变化所带来的商务休闲装

图4-15

115

品级的变化。女士的一品级商务休闲装给人以精干、亲和、可靠、信任、友好、放松的感觉。

## 2. 女士商务休闲装的特点

（1）女士商务休闲装的款式，以剪裁讲究的套装为主，可以是裙装，也可以是裤装。选择裤装时要注意，裤长要盖住脚踝。套装可以是由单独的上身和下身服装搭配而成；也可以是西服上衣与连衣裙、短裙相搭配。

（2）女士商务休闲装的材质为毛、棉、混纺、人造纤维、弹力面料等，仍需保持精良的品质。

（3）女士商务休闲装的色彩更明亮丰富，可用茶色、米色、驼色、棕色、洋红色、蓝色、靛青色等颜色。

（4）女士商务休闲装的常见图案有粗条纹、格子、圆点等。

（5）女士商务休闲装的配件。内搭可以选用有领或无领衬衫、高领套头衫；可以穿着肤色、灰色或黑色透明丝袜；可以选择有暗纹的皮鞋（棕色、藏蓝、驼色或骨色均可），大家需要了解的是：高跟鞋比平底鞋更显正式，皮质跟比嵌木跟更显正式，高跟比坡跟更显正式。配饰可选择丝巾、耳环等。饰品可略显夸张。

（6）女士商务休闲装的禁忌。

关于款式，不要选择过于休闲的款式。如运动式外套加连衣裙等。不要选择过于时尚的款式。如商务休闲装搭配鱼嘴鞋等。

关于面料，不要选择质地柔软的面料。如雪纺、针织等面料。

关于颜色，不要选择过于鲜艳的色彩。如荧光绿、荧光黄等色彩。

关于图案，不要选择过于时尚的图案。如豹纹图案等。不要选择过于休闲的图案。如卡通图案等。

关于配饰。不要选择过于夸张，过于华丽的配饰。如量感比较大的钻饰或波西米亚风格的配饰等。

## 二、男士商务休闲装的品级

### 1. 男士商务休闲装的品级

同样，男士商务休闲装品级的界定标准，也是以正装的款式、面料、颜色、图案、配饰五个点为基准。当出现一个非正装特点时，就是一品级商务休闲装；出现两个非正装特点时，就是二品级商务休闲装；出现三个非正装特点时，就是三品级商务休闲装。出现四个及以上非正装特点时就是纯休闲装。

图 4-16 中模特展示的是一套男士的一品级商务休闲装。

我们发现，由正装到一品级商务休闲装的变化，来自于这位男士没有打领带。这是在配件方面带来的变化。

男士一品级商务休闲装比较经典，比正装略显休闲感，传递出精干、亲和、可靠、信任、友好、放松的形象。

### 2. 男士商务休闲装的特点

（1）男士商务休闲装的款式。可以是单件西装外套与裤装的自由组合，长裤以西裤款式为主，可穿纯棉卡其裤，不可穿宽松裤、萝卜裤等。

（2）男士商务休闲装的色彩。男士商务休闲装的色彩多为中性，可选择黑色、灰色、蓝色、土色等色彩。

（3）男士商务休闲装的面料。男士商务休闲装的面料选择具有多样性，不同面料的搭配也是男士商务休闲装的必要技巧。

（4）男士商务休闲装的图案。人字图案、格子图案、竖条纹图案等，是男士商务休闲装的常用图案。

（5）男士商务休闲装的配件。男士商务休闲装的配件衬衫，以棉、毛为主要成分；图案为简

图 4-16

洁雅致的印花、格子；领形为立领、翼领或异色领；色彩有棕色、黑色、粉色、浅黄色；尖头或平头领带，领带有格子、圆点等经典雅致的图案。

商务休闲装的皮带扣，板式比针式更为正式。皮带的颜色最好与皮鞋的颜色一致。皮带扣尽可能与手表颜色一致，如金色的手表配金色的皮带扣，银色的手表配银色的皮带扣，这样做会比较协调。

男士可以选择系带皮鞋、商务休闲鞋、帆船鞋等，鞋子须与裤子同一色系。

（6）男士商务休闲装禁忌。

关于款式。不要选择过于休闲的款式，如运动式外套加休闲裤。不要选择过于时尚的款式，如商务休闲装搭配运动鞋。

关于面料。不要选择质地柔软的面料，如针织面料。

关于颜色。不要选择过于鲜艳的色彩，如荧光绿、荧光黄等。

关于图案。不要选择过于时尚的图案，如豹纹图案等。不要选择过于休闲的图案，如卡通图案等。

关于配饰。不要选择过于夸张的配饰，如具有运动感的手表和造型前卫的眼镜等。

## 习题

1. 男士的皮带扣，为什么板式比针式更为正式？
2. 请分析自己日常着装的品级。

# 第五章
# 职业形象：仪态礼仪

　　仪态，是指在人际交往中身体各部位所呈现出的姿态。比如：面部表情、站立姿态、行走姿态、手势等。

　　仪态是一种无声的语言。表现着一个人的思想、情感、风度、修养以及对外界事物的反映。正如达·芬奇所说："从仪态来了解人的内心世界，把握人的本来面目，往往有相当的准确性与可靠性。"

　　要遵守约定成俗的仪态规范，要文明、优雅、尊重他人。

　　在这一章中，我们将共同分享表情、站姿、行姿、坐姿等仪态规范及应用。

· 第一节 ·

# 表　情

仪态中很重要的一个内容是表情。表情可以说明一个人的自信心、人生态度等，所以，我们经常讲：成功从微笑开始。

## 一、微笑的规范

### 1. 露出 6 ~ 8 颗上齿

以往，我们经常强调微笑时要露出 8 颗上齿，这种标准是在强调微笑时表情要有分寸。

其实，更加细致的量化标准是要露出 6 ~ 8 颗牙齿。

我们发现：人的脸型大小是不同的，所以，当按照统一的标准进行训练时，脸型比较小巧的人，露 8 颗上齿总是给人不和谐的感觉。

所以，微笑的标准是：露出 6 ~ 8 颗上齿。

这一标准也适宜于我们商务人士。请大家站在一面镜子前，寻找适宜于自己的露出牙齿的颗数。之后，体会此时面部肌肉"力的感觉"，并将这种感觉记在心里，久而久之，就会形成属于自己的最恰当的笑容。

### 2. 双眸呈现热情和自信

露出牙齿的颗数只是表情的外在行为，真正打动人心的表情应是发自内心的，而发自内心的表情来自于眼神。

让我们站在镜子面前，用一本书遮住面部眼睛下方的部分，回忆让自己快乐的事情，将愉快的心情通过眼睛呈现出来。这时，大家会感到自己的笑肌抬升收缩，双眼呈现出热情和自信，当我们面部的肌肉放松后，目光还会是温和的。

这种自我训练要经常进行，以使自己能发自内心地、自信地、恰如其分地把握好微笑。

## 二、微笑的禁忌

微笑虽然能给交往的双方带来美好的感受，但也要考虑场合与对象。

（1）面对的交往对象失意时、苦恼时不宜微笑。

（2）在庄重的场合，如：悼念死者时、举行各种仪式时、看望病人时等，不宜微笑。

（3）遇到有某种先天生理缺陷的残疾人时，不宜微笑。

（4）当他人出现差错很尴尬时，不宜微笑。

（5）与他人交谈时，不要在不应该笑时露出笑容，这样会让对方莫名其妙。要根据谈话的内容，适时露出微笑。

## 习题

1. 请站在镜子面前，练习适宜自己的笑容。
2. 请在生活中，有意识地提醒自己面带微笑，主动和他人打招呼。

· 第二节 ·

# 站　姿

站立，是商务交往中的常用姿态，让我们努力掌握以下规范。

## 一、站姿规范

### 1. 头部规范

面部朝向正前方，下颌稍内收，目光平视，颈部挺直，面部肌肉放松。

### 2. 两肩规范

两肩向后用力，以略感酸痛为度，不要耸肩，保持放松。

### 3. 两臂规范

两臂自然下垂或两手搭放于体前，在两臂下垂时要使双手中指放于裤缝或裙缝处，手指自然弯曲。

### 4. 腹部规范

做深呼吸，使腹部肌肉紧张起来，再轻轻将气体呼出，但是腹部肌肉要保持收紧，不要松懈。

### 5. 腰部规范

立腰。要有参加体检、测量身高时向上拔起的感觉。

### 6. 臀部规范

由于遗传的原因，多数中国人腰长。我们很羡慕西方人浑圆、上翘的臀部形态。羡慕别人不如从自己做起，我们可以通过自我训练延缓臀部由于地球引力、由于衰老而下坠的趋势。就是要常常提醒自己"将臀部收紧"。

### 7. 下肢规范

双膝及脚后跟并拢。脚尖打开成"V"字形（打开角度以能容下自己的一个拳头），女士也可以双脚并拢。

按以上要求完成后，从侧面看，头部、肩部、上体与下肢应在一条垂线上。从正面看，头正、肩平、收腹、身直，会给人挺拔、稳重、美好的感觉（图5-1、图5-2）。

图 5-1

图 5-2

要经常检查自己的站姿是否符合上述要领，及时纠正不良的姿态，保持良好正确的站姿。

## 二、站姿变化

### 1. 男士站姿变化

男士的站姿在把握基本要领的前提下，还要兼顾体现男士修养及阳刚之气的姿态，可以将基本站姿进行以下变化：

（1）前搭式手位。

可以将双手相叠后放于腹前（左手在外，右手在内）。要使左手的小指置于右手的指根处。

（2）后搭式手位。

可以将双手相叠后放于臀部（左手在外，右手在内）。

（3）平行式脚位。

可以将双脚分开站立，但双脚打开的距离不要超过自己肩的宽度。

（4）前后式脚位。

在非正式场合，还可以一只脚稍前，另一只脚稍后站立，但注意不要屈膝。

### 2. 女士站姿变化

为体现女士的柔美、典雅、轻盈的韵味，女士站姿可以进行如下变化：

（1）前搭式手位。

可以将双手相叠（右手在外，左手在内）后自然垂放于腹部。具体做法是：将右手的四指并拢，自然搭放于左手手指，并使右手食指置于左手指根处。双手拇指交叉放于手心。

（2）仪式手位。

在前搭式手位的基础上，将双手向上提至拇指的交叉点位于肚脐处。注意，将双手上提时，两肘要向后略收，使两臂与上体在一个平面上。

（3）平行式脚位。

可以将双脚并拢站立。

（4）丁字脚位。

可以将左脚或右脚的足弓部位，靠于右脚或左脚的脚后跟处，丁字脚位的角度以 30 度为宜。

在仪式活动中的迎宾场合，要选择开放式丁字脚位。丁字脚位的选择还要考虑场合。如：在服务中，不要选择这种脚位。

## 三、站姿自我训练

站姿的自我训练方法如下：

选择一面洁净的墙壁，将脚后跟、小腿肚、臀部、两肩、后脑这九个点全部靠在墙壁上。这种方法不但能使站姿得到较好的训练，还能纠正一些不良习惯。

站姿，是所有仪态的基础。行姿、坐姿、致意（图 5-3）等，都会因站姿的大方规范而完美到位。

图 5-3

### 习题

1. 和家人在闲暇时，互相将脚后跟、小腿肚、臀部、肩部及后脑靠在一起。

2. 站立时要经常提醒自己：挺胸、抬头。

## · 第三节 ·

# 坐　姿

在与客户的交流中，正确的坐姿可以给对方带来被关注的感觉，还可以给对方带来轻松、亲切的情绪体验。在这一节中，我们将共同分享入座与离座、坐姿的规范、坐姿的变化等内容。

## 一、坐姿规范

### 1. 入座与离座规范

入座时要轻要稳，女士落座时要将裙子用手背向前拢一拢。在人多的场合入座时，为了避免相互妨碍，要由椅子的左侧入座。

### 2. 落座要领

要落座于椅子的 2/3，这样能表现出谦恭、和蔼的态度。

### 3. 头部规范

头部要摆正，双目平视，下颌内收，表情放松。

### 4. 上体规范

上体要挺直，胸部要挺起，腹部要收紧；身体略向前倾，体现出积极与主动；女士右手在上，左手在下将双手叠放于大腿上；男士将双手分别放于大腿上。

### 5. 下肢要求

女士双腿、双脚并拢，小腿垂直于地面。男士双腿、双脚可分开，以双腿分开不超过两肩的宽度为标准（图 5-4，图 5-5）。

图 5-4　　　　　　　　　　　　　图 5-5

### 6. 离座规范

在集体离座时，要由椅子的左侧离开。离座时起身要缓慢，要无声响。

## 二、坐姿的脚位变化

### 1. 平行式

双脚平行，小腿垂直于地面。男士可以将双脚分开，但距离不要超过两肩的宽度，女士要将双脚并拢。双腿可以垂直于地面，也可以选择侧平行式（图 5-6）。这种坐姿适用于正式场合。

### 2. 交叠式

女士可以将脚踝交叠在一起，双腿可以垂直于地面，也可以斜放。这种坐姿适用于各种场合（图 5-7）。

### 3. 开关式

开关式坐姿的规范是：在双腿垂直于地面的前提下，将左脚向前移动半步，右脚向后移动半步，再将左脚脚尖指向 11 点钟方向，右脚脚尖指向 1 点钟方向；女士将双膝并拢，男士将双膝打开 10 公分，这是左开关式坐姿（图 5-8）。当右脚在前，左脚在后时，将形成右开关式坐姿。

图 5-6        图 5-7        图 5-8

## 三、坐姿的手位变化

### 1. 双手放在两条大腿上

将双手放在大腿上，共有三种方式可以选择：双手相握放在两条大腿上；双手叠放在两条大腿上；双手分别放在大腿上。

### 2. 双手放在一条大腿上

将双手放在一条大腿上，共有两种方式可以选择：双手自然放于一条大腿上；双手相叠放于一条大腿上。在与他人进行交谈时，要将双手放在离对方近的那条腿上。

### 3. 双手放于扶手上

落座时，将手叠放于一侧的扶手上。

### 4. 双手放于桌面上

当自己面前有桌子时，不要将双手置于桌下，应将双手平放于桌子边沿，也可以将双手相握或相叠放于桌面上。

## 习题

1. 请练习入座与离座，要做到既轻又稳。

2. 观察周围的人的坐姿，并分析不同的坐姿给人留下的印象是什么？

# · 第四节 ·
# 行姿与蹲姿

前边，我们分享了站姿，为良好的行姿和蹲姿打下了基础。在这一节中，我们将共同分享行姿、蹲姿的规范及相关细节。

## 一、行姿规范

### 1. 步度适宜

女士的步度应是自己的一个脚长，男士的步度应是自己的一个半脚长。步度太小会有做作之感，步度太大会显得匆忙。

### 2. 步速适中

行进速度应在每分钟 100 ~ 110 步。要步速、步度均匀，不要步速忽快忽慢、步度忽大呼小。

### 3. 明确方向

要明确方向，尽量走直线。抬脚时脚尖要正对前方，不能偏斜，要防止"内八"字或"外八"字。

### 4. 调整重心

身体重心要自然转移。起步时，身体前倾，身体重心落在前脚掌上。随着身体的不断前进，身体重心要不断转移。

### 5. 整体协调

行进时脚跟首先落地，膝盖在脚步落地时伸直，双臂自然摆动，向前摆臂在 30 ~ 35 度，向后摆臂在 15 ~ 20 度。两眼平视，挺胸抬头，步伐轻松矫健，形成优美的动态效果（图 5-9）。

### 6. 关照他人

在引领客户或与他人同行时，要与客户的步速保持一致（图 5-10）。

图 5-9

图 5-10

## 二、行姿禁忌

### 1. 忌在人群中穿行

尽量不要在人群中穿行。这样既妨碍他人，也妨碍自己。

### 2. 忌不讲秩序

要注意行走时的先后顺序，不要争先恐后。还要养成主动让路的好习惯，这既是对他人的尊重，也表现出自己的良好教养。

### 3. 忌阻挡道路

不要只考虑自己方便。要选择适当的行进路线，要保持一定的行进速度，不然就有可能阻挡他人的道路。

### 4. 忌跑来跑去

不要跑来跑去。遇到急事，可以加快脚步，不要狂奔乱跑。不然会让周围的人情绪紧张、不知所措。

### 5. 不要制造噪音

走路要轻，不要发出让人心烦的各种声响。

## 三、蹲姿规范

图 5-11

有时候，我们需要下蹲捡拾掉落的物品等。这时，我们应该采用蹲姿。

蹲姿规范有以下几个方面：

（1）向右转身 45 度，将右脚向后退一步。左脚脚掌落地，右脚脚跟提起。

（2）在保持上体直立的前提下，身体整体下沉，将臀部落于右腿的小腿上。

（3）女士将双手相叠放于左侧大腿上，男士将双手分别放于两侧大腿上。

（4）女士将双膝靠紧，男士将双膝打开 10 公分。

（5）上体保持垂直，表情放松（图 5-11）。

下蹲时，可以视情况选择左脚向后退一步。

## 四、蹲姿禁忌

（1）不要突然下蹲。突然下蹲会使周围的人不知所措，还可能发生意外。

（2）不要距离他人太近。要与他人有一定的距离，防止尴尬或互相碰撞。

（3）不要方位不当。正面朝向他人下蹲，是一种不礼貌的举动。

（4）不要不加掩饰。穿裙装的女士在下蹲时要注意掩饰身体，不要双腿叉开。

（5）不要蹲着休息。在工作和生活中，应杜绝蹲在地上休息的姿态。

## 习题

1. 行走时，要经常提醒自己：抬头、挺胸、步伐矫健。
2. 请练习：下蹲时的动作规范。

# 第六章
## 商务餐饮礼仪

# 茶饮礼仪

　　唐代刘贞亮在《茶十德》中指出："以茶散闷气，以茶驱腥气，以茶养生气，以茶除病气，以茶利礼仁，以茶表敬意，以茶尝滋味，以茶养身体，以茶可雅志，以茶可行道。"俗语说"待客不可无茶"，商务接待常常是从奉上一杯清茶开始，而商务会谈很多时候是在茶室里进行的。

　　茶，原产于中国。茶树起源于何时很难考证，史书上最早把它的名称定为"茶"，是在唐代。那时对茶叶的加工已经比较严格和精细了。各种茶树形态各异，叶片大小差异也很大，但它们的基本形态和茶树叶片的基本成分大体上是一样的。

　　茶叶的化学成分是由 3.5% ~ 7.0% 的无机物和 93% ~ 96.5% 的有机物组成。如果把茶叶拿来烧，在灰烬中会留下 5% 左右的无机成分，其中 50% 是钾，15% 是磷酸，其他则是石灰、镁、铁、锰、苏打、硫酸、钠、碘等，其中锰与碘的含量较多。

　　茶叶对抗癌、抑制动脉硬化、抑制血液中胆固醇升高、防辐射损伤、防龋固齿等有一定的作用，具有很强的保健功效。但是要注意，患有神经衰弱、失眠、贫血、胃溃疡、便秘、骨折、痛风、泌尿系统结石、感冒发热等疾病的人不宜饮茶，正在服药的人也不宜饮茶。

## 一、茶叶的分类

茶叶品种繁多，按照不同的标准有不同的分类方法。在国外，茶叶分类比较简单：欧洲把茶叶按商品特性分为红茶、乌龙茶、绿茶三大茶类。日本则按茶叶发酵程度不同分为不发酵茶、半发酵茶、全发酵茶、后发酵茶。

在中国以制法和品质为基础，按茶多酚氧化程度把初制茶叶分为绿茶、黄茶、黑茶、青茶、白茶、红茶六大茶类。这种方法已被业界广泛应用。此外，结合茶叶的商品形态，可把茶叶分成绿茶、红茶、乌龙茶、白茶、黄茶、黑茶、再加工茶七类。

### 1. 绿茶

绿茶又称不发酵茶。以适宜的茶树新梢为原料，经杀青、揉捻、干燥等典型工艺制成。按其干燥和杀青方法不同，一般分为炒青、烘青、晒青和蒸青绿茶，形成了"清汤绿叶，滋味收敛性强"等特点。绿茶是历史上最早的茶类，有三千多年的历史，也是我国产量最大的茶类，产区主要分布于浙江、安徽、江西等省份。

代表茶有西湖龙井、信阳毛尖、碧螺春、黄山毛峰、庐山云雾、六安瓜片等。

### 2. 红茶

红茶又称发酵茶。以适宜制作本品的茶树新芽叶为原料，经萎凋、揉捻、发酵、干燥等典型工艺过程精制而成。其汤色以红色为主调，故得名。红茶可分为小种红茶、工夫红茶和红碎茶，为我国第二大茶类。

代表茶有祁门红茶（又称祁红）、滇红等。

### 3. 乌龙茶

乌龙茶亦称青茶，半发酵茶。乌龙茶是我国几大茶类中，独具鲜明特色的茶叶品类。乌龙茶综合了绿茶和红茶的制法，其品质介于绿茶和红茶之间，既有红茶的浓鲜味，又有绿茶的清芬香，并有绿叶红镶边的美誉。乌龙茶的药理作用，突出表现在分解脂肪、减肥健美等方面。

代表茶有安溪铁观音、武夷岩茶、冻顶乌龙茶等。

### 4. 白茶

白茶属轻微发酵茶，是我国茶类中的珍品。因其成品茶多为芽头，满披白毫，如银似雪而得名。白茶的主要产区在福建省建阳、福鼎、政和、松溪等县，台湾省也有少量生产。白茶制法的特点是既不破坏酶的活性，又不促进氧化作用，且保持毫香显现，汤味鲜爽。

代表茶有白毫银针、白牡丹等。

### 5. 黄茶

人们从炒青绿茶中发现，由于杀青揉捻后干燥不足或不及时，叶色即变黄，于是产生了新的品类——黄茶。黄茶属发酵茶类，黄茶的制作与绿茶有相似之处，不同点是多一道闷堆工序。这个闷堆过程是黄茶制法的主要特点，也是它同绿茶的基本区别。黄茶按鲜叶的嫩度和芽叶大小，分为黄芽茶、黄小茶和黄大茶三类。

代表茶有君山银针、蒙顶黄芽、霍山黄芽等。

### 6. 黑茶

黑茶是我国生产历史十分悠久的特有茶类。在加工过程中，鲜叶经渥堆发酵变黑，故称黑茶。黑茶既可直接冲泡饮用，也可以压制成紧压茶（如各种砖茶），主要产于湖南、湖北、四川、云南和广西等省、自治区。因以销往边疆地区为主，故以黑茶制成的紧压茶又称边销茶。产于云南普洱及西双版纳、思茅等地的普洱茶是黑茶的代表品种。用普洱茶蒸压后可制成普洱沱茶、七子饼茶、普洱茶砖。

### 7. 再加工茶

以基本茶类——绿茶、红茶、乌龙茶、白茶、黄茶、黑茶为原料经再加工而成的产品称为再加工茶。它包括花茶（如茉莉花茶、珠兰花茶）、紧压茶（如沱茶和六堡茶）、萃取茶、果味茶和药用保健茶等，分别具有不同的口味和功效。

## 二、茶叶的冲泡

### 1. 选择茶具

现代茶具品种繁多，金银、玛瑙、玉石、陶瓷、玻璃、漆器、搪瓷、竹木等材料都可以用来制作茶具。商务场合常见瓷质茶具、玻璃茶具、紫砂茶具、一次性便捷茶具等。具体选择哪一种茶具，需要考虑茶具的材质是否与茶性相匹配，还要考虑茶具的实用性和观赏性。茶与茶具、环境等的搭配应给人以和谐的美感。

（1）冲泡绿茶：可选用透明无花纹的玻璃杯（图6-1），便于清楚地观赏绿茶的形态和色泽。玻璃杯的缺点是质地坚脆，易裂易脆，比陶瓷茶具烫手。经过热处理的钢化玻璃，其性能要优于普通玻璃。绿茶也可使用白瓷、青瓷或青花瓷材质的壶、杯、盖杯或盖碗来冲泡。商务场合待客多用绿茶，常使用白瓷盖杯（图6-2）冲泡。

（2）冲泡红茶：冲泡条红茶时，为了更好地烘托出玛瑙般的茶色，可选用内壁为白釉的紫砂茶具，以及白瓷、白底红花瓷、红釉瓷材质的壶、盖杯、盖碗等。冲泡红碎茶时，可选用内壁为白釉的紫砂茶具，以及白、黄底色描金、红、橙等暖色花纹的瓷质西式风格茶（咖啡）壶、茶（咖啡）杯（图6-3）等。

图6-1　玻璃杯　　　　　图6-2　白瓷盖杯　　　　图6-3　西式茶（咖啡）杯

（3）冲泡乌龙茶：可选用白瓷或白底花瓷材质的壶、盖碗、盖杯，或是紫砂壶（图6-4）、紫砂杯等。

（4）冲泡花茶：可选用青瓷、青花瓷、粉彩瓷器的瓷壶（图6-5）、盖碗、盖杯等。花茶是需要闷泡的茶品，盖子可使香气聚拢，揭开的一刻宜闻花茶之香。

（5）冲泡黄茶：可选用玻璃杯，或奶白瓷、黄釉瓷，或以黄、橙为主色的五彩瓷质地的壶、杯、盖碗、盖杯等。

（6）冲泡白茶：可选用玻璃杯、白瓷壶、白瓷杯。也可选用内壁为黑釉的黑瓷茶具，以衬托出茶的白毫。

（7）冲泡普洱茶：可选用紫砂、白瓷、青瓷质地的壶、杯、盖碗等。

图6-4 紫砂壶

图6-5 粉彩瓷壶、杯与茶叶罐

### 2. 用水

水质能直接影响茶汤的品质，唐代陆羽的《茶经》中说："其水，用山水上，江水中，井水下。其山水则乳泉石池漫流者为上。其江水取去人远者，井水取汲多者。"明代张大复在《梅花草堂笔谈》中说："茶性必发于水，八分之茶遇十分之水，茶亦十分矣；八分之水试十分之茶，茶只有八分耳"。

一般商务待客使用矿泉水或纯净水即可。自来水煮沸后亦可用来泡茶。由于自来水中所含氯气等会影响茶汤的滋味和香气，因此煮水前应先静置一夜，并适当延长煮沸时间，以使氯气挥发。

煮水的燃料不要有异味，否则会污染水质。商务待客时以电能烧水最为方便快捷。

### 3. 水温

水温通过对茶叶成分溶解程度的大小来影响茶汤滋味和茶香。古人对泡茶的水温十分讲究：烧水要大火急沸，刚煮沸起泡为宜。水老水嫩都是大忌。

绿茶用水温度，应视茶叶质量而定。高级绿茶，特别是各种芽叶细嫩的名绿茶，以 80℃ 左右为宜（通常是指水烧开后再冷却至该温度；若是可直接饮用的冷水，只需烧到 80℃ 即可）。这样泡出的茶汤嫩绿明亮，滋味鲜爽，维生素 C 也破坏较少。水温越低，茶叶越嫩绿。水温过高，易烫熟茶叶，茶汤变黄，滋味较苦；水温过低，则香味低淡。

泡饮各种花茶、红茶和普通的中低档绿茶，则要用 100℃ 的沸水冲泡。如水温低，则渗透性差，茶味淡薄。乌龙茶、普洱茶和沱茶，每次用茶量较多，而且茶叶较粗老，也必须用 100℃ 的沸水冲泡。为了保持和提高水温，还要在冲泡前用开水烫热茶具，冲泡后在壶外淋开水以维持壶内水温。

### 4. 茶叶的用量

茶叶用量并没有统一标准，视茶具大小、茶叶种类和各人喜好而定。一般来说，沸水 150 ~ 200 毫升可冲泡红茶或绿茶 3 克左右、普洱茶 5 ~ 10 克。茶叶用量最多的是乌龙茶，每次投入的茶叶量为茶壶的 1/2 ~ 1/3。在严格的茶叶评审中，绿茶是用 150 毫升的水冲泡 3 克茶叶。

### 5. 茶叶的冲泡方法

绿茶在色、香、味上，讲求嫩绿明亮、清香、醇爽。绿茶不经发酵，保持了茶叶本身的鲜嫩，冲泡时略有偏差则易使茶叶泡老、闷熟，茶汤黯淡、香气钝浊。此外，绿茶品种非常丰富，每种茶的形状、紧结程度和鲜叶老嫩程度不同，所以冲泡的水温，时间和方法都有差异。商务交往当中，即使是小小一杯绿茶，也需要认真冲泡。

（1）外形紧结重实的绿茶（如碧螺春、君山银针、庐山云雾、平水珠茶、涌溪火青、都匀毛尖等较紧结的茶）的冲泡方法：

①先将白开水倒进茶杯，把茶杯烫一下，然后将水倒掉，这样做有利于茶叶色香味的发挥。

②烫杯之后，先将温度适宜的水冲入杯中至七分满，然后取茶投入。干茶吸收水分，叶片展开，茶汤凉至适口，即可品茶。此乃一泡。

③第一泡的茶汤尚余 1/3，即可续水。此乃二泡。饮至三泡，则一般茶味已淡。

（2）条索松展的绿茶（例如六安瓜片、黄山毛峰、太平猴魁、舒城兰花等）如果采用上述方法，则茶叶浮于汤面，不易浸泡下沉。应采用如下方法：

①烫杯后，取茶入杯。

②冲入适温的水，至杯容量 1/3（也可少一些，但需覆盖茶叶）。然后微微摇晃茶杯，使茶叶充分浸润。此时不能品饮，是闻香最好时候。

③稍停约两分钟，待干茶吸水伸展，再冲水至茶杯之七分满后，即可品饮。

④茶汤尚余 1/3 时，即可续水。

如饮用颗粒细小、揉捻充分的红碎茶与绿碎茶，用沸水冲泡 3～5 分钟后，其有效成分大部分已浸出，可一次冲泡饮用完毕。饮用速溶茶，也是采用一次冲泡法。

从茶汤中是否添加其他调味品来划分，可分为"清饮法"和"调饮法"两种。我国绝大部分地方饮红茶采用"清饮法"，不在茶中添加其他调料。但外国人大多要在红茶里加牛奶和糖、柠檬汁等调和在一起饮用。

泡饮花茶多用瓷杯，取一撮花茶置于杯内，用沸水冲泡，加盖四五分钟后即可品饮。如饮茶人数较多，则可将适量的花茶置于壶内，冲泡四五分钟后，将茶汤倒入茶杯或茶碗中饮用。

乌龙茶的品饮，以闽南人和广东潮汕人最为考究，因其冲泡时颇费工夫，亦称之为"工夫茶"。地道的潮汕工夫茶，所用的水需是山坑石缝水，而火必以橄榄核烧取，罐则用酥罐，选用上品乌龙茶，经过复杂的冲泡程序，才能充分发挥出乌龙茶特有的色香味。正所谓茶鲜、水活、器美、艺宜，缺一不可。品饮乌龙茶多用小型紫砂壶，用茶量较多，第一泡 1 分钟就要倒出来，第二泡比第一泡增加 15 秒，第三泡 1 分 40 秒，第四泡 2 分 15 秒。也就是说从第二泡开始要逐渐增加冲泡时间，这样前后茶汤浓度才比较均匀。

日常与商务活动相关的品饮通常是在茶室进行，在此不做详尽介绍。

## 三、敬茶与品茶的注意事项

### 1. 敬茶

客人到来之后，接待人员应当主动奉上茶水。我国讲究以茶待客，自古就有一套完整的茶礼节，大致有嗅茶、温茶、装茶、润茶、冲泡、浇壶、温杯、运壶、倒茶、敬茶、品茶等十几个步骤。读到这里你心里一定在说："天哪！这么多，怎么记得住！"别怕，不用记这些，平时以茶待客时只需掌握"净"与"敬"的原则便可以了，具体表现在：

（1）给客人奉茶之前一定要把手洗干净。招待贵客应当使用消毒过的瓷盖杯，亦可使用瓷杯或玻璃杯；一般客人可用卫生纸杯。茶壶、茶叶罐、托盘都应洁净。从茶叶罐里取茶叶时，要用专用的茶勺来取，不能用手抓取。

（2）同时往几个茶杯里倒茶时，不要"厚此薄彼"。为了将茶水倒得一样多，可以先用茶壶轮流向几个杯中倒茶至各茶杯五六分满，然后再将剩下的茶汤分别点入各杯中，这样比较容易使得各杯的水面高度保持一致。

（3）我国习俗讲究"浅茶满酒"，即倒茶只要七八分满，斟酒要斟满杯。敬茶要用托盘，茶杯的杯把朝着客人的右手方向，另外要在托盘里放一块干净的小茶巾备用。要用双手握住托盘，举在胸前高度并偏向一侧，避免呼出的气息正对茶杯。托盘不可靠在身体上。如果没有托盘，茶杯也应放在小杯碟上。可一只手托着小杯碟底部，另一只手扶住杯身下部，双手递上，手指不要碰触杯沿。茶杯应置于客人右前方，杯把朝向客人右手，便于客人取用。

（4）要先给最重要的客人敬茶，在不打扰客人的情况下可以说："请您用茶"。如果要给客人上点心，则应先上点心后上茶。

（5）奉茶时动作要轻、要稳，不可使茶具发出响声，也不可把茶具放在文件上。如果不小心将茶水溅了出来，要立刻用托盘里的小茶巾轻轻擦去。

（6）请客人喝茶或去茶室赴约的时候，不要使用香水或其他气味浓烈的化妆品。

（7）使用有盖的茶杯（或茶碗）给客人上茶后，或给客人茶杯续水之后，可将盖子大半搭在杯上。这样，客人就能够从杯子与盖子的缝隙中看到杯中已盛有热水，避免不慎被烫。之后，客人可按自己的意愿将盖子完全盖上或打开。

### 2. 品茶

饮茶时则需注意：

（1）喝茶时应当把杯子端到嘴边喝，不应当低头去接近杯子。

（2）喝红茶时如果要加糖，可用公用的小勺或夹子把糖放进红茶里，然后用自己的小勺轻轻搅拌，搅拌均匀之后把小勺从杯子里取出来放在杯碟的右侧（仍在杯碟上面而不是在桌子上），再端起杯子喝。不能用小勺舀着喝，也不能将插着勺子的杯子直接端起来喝（喝红茶的方法与喝咖啡的方法类似）。如果桌上既有红茶、咖啡又有黄糖、白糖，那么黄糖是加在咖啡里的，白糖是加在红茶里的。

（3）如果茶水太烫，就等一会儿再喝，不要等不及用嘴去吹。

（4）即使所用茶杯体积很小，也不要一口就将里面的茶喝完。俗话说"一口为喝、两口为饮、三口为品"，越是好茶越要细细品味。

（5）盖碗茶具由茶碗、茶盖和茶托（也有人称之为"茶船"）三部分构成。一般来说，使用盖碗品茶时，茶盖翻转在茶托旁，是要求续水、加汤；茶盖平放在茶托旁，表示座位有人，很快会回来；茶盖翻转平放茶碗之上，表示打算结账离开。

饮盖碗茶的动作：双手从桌上端起茶托，然后用左手拿住茶托，右手拿起茶盖闻茶香。然后将茶盖略沉入水中，用茶盖的内侧将漂在茶汤表面的茶叶向外侧推（图6-6（1）），之后将茶盖大半搭在茶碗上，再以杯就口，从茶盖与茶碗的夹缝中喝茶汤（图6-6（2））。之后将茶具归原位。

（6）使用乌龙茶具中的闻香杯时，可双手轻轻转动杯身，嗅闻杯中香气，如图6-7所示。

(1)　　　　　　　　　　　　　　　　(2)

图6-6　饮盖碗茶动作

图6-7 嗅闻茶香 　　　　　　　图6-8 三龙护鼎握杯法

使用乌龙茶具中的品茗杯时，应采用"三龙护鼎"的握杯方法：以右手拇指和食指握住品茗杯口沿，以中指托住杯底，如图6-8所示。手心朝内，手背朝外，缓缓提起茶杯，先观汤色，再闻其香，后品其味。三口将茶汤饮尽，而后再闻杯底余香，此所谓"三口方知其味，三番才能动心"。

## 习题

1. 茶叶分为哪几类？请列举代表茶的名称。

2. 如何给客人冲泡碧螺春？

3. 给客人敬茶时要注意哪些问题？

## · 第二节 ·
# 中餐礼仪

中餐文化历史悠久、源远流长，伴随中国数千年历史的发展逐步丰富、逐步深化而来。中国菜肴具有色（色泽）、香（香气）、味（味道）、形（形状）、质（质量）、养（营养）、器（盛器）俱佳的七大特点。从烹调工艺和技术上讲，中国菜肴又具有优选用料、善用火候、加工精细、讲求风味、合理膳食的特点。

## 一、八大菜系

中国幅员辽阔、地大物博，物产、气候、风俗、人情各异。从口味上讲，有"东辣、西酸、南甜、北咸"的特点。从菜系上说，有"四川菜系、广东菜系、山东菜系、江苏菜系"的"四大菜系"，也有加上"福建菜系、浙江菜系、湖南菜系、安徽菜系"的"八大菜系"，还有加上"湖北菜系"和"北京菜系"的"十大菜系"。每种菜系各有自己的特色原料和独特的调味方法，使得中餐具有花样繁多、色香味形丰富多彩的特点。

下面简述八大菜系的特点及代表菜肴。

### 1. 川菜

川菜的特点是清、鲜、醇、浓并重，并以麻辣为主要特色。怪味、鱼香味、家常味是川菜独到的三大味形。

川菜的代表菜肴有：麻婆豆腐、鱼香肉丝、怪味鸡块、东坡肘子、太白鸭、回锅肉、开水白菜、大煮干丝、黄焖鳗、独蒜炖干贝、香橙虫草鸭、醪糟红烧肉、水煮鱼、老坛子泡菜、红杏鸡、老房子神仙蟹等。

### 2. 粤菜

粤菜取材广泛、花色繁多。其特点是口感鲜、嫩、爽、滑，色彩浓重，滑而不腻。

粤菜的代表菜肴有：龙虎斗、白灼虾、五蛇羹、烧雁鹅、盐焗鸡、蚝油生菜、烤乳猪、黄埔炒蛋、东江酿豆腐、冬瓜盅、白切鸡、鼎湖上素、蜜汁叉烧、烧鹅、白云猪手、潮州卤水拼盘等。

### 3. 鲁菜

鲁菜的特点是味鲜、形美，加工精细，功在火候。鲁菜的"鲜"，讲究以清汤或奶汤调制。清汤色清而鲜，奶汤色白而醇。鲁菜对烹制各种海鲜有独到之处。

鲁菜的代表菜肴有：糖醋黄河鲤鱼、九转大肠、汤爆双脆、烧海螺、烧蛎蝗、烤大虾、清汤燕窝、干蒸加吉鱼、油爆海螺、白汁瓢鱼、麻粉肘子等。

### 4. 苏菜

江苏菜的特点是浓中带淡、鲜香酥烂、原汁原汤浓而不腻，口味平和、咸中带甜。苏州菜口味偏甜、配色和谐；扬州菜清淡适口、主料突出、刀工精细、醇厚入味；南京、镇江菜口味和醇、玲珑细巧，尤以鸭制的菜肴负有盛名。

苏菜的代表菜肴有：松鼠鳜鱼、清汤火方、清炖狮子头、三套鸭、扬州大煮干丝、文思豆腐、梁溪脆鳝、盐水鸭、鸭包鱼翅、西瓜鸡等。

### 5. 闽菜

闽菜的特点是色调美观、滋味清鲜。烹调方法主要是炒、溜、煎、煨，尤以"糟"最具特色。福建盛产各种海鲜，故闽菜多以海鲜为原料。

闽菜的代表菜肴有：佛跳墙、醉糟鸡、酸辣烂鱿鱼、清蒸加力鱼、荔枝肉、烧片糟鸡、太极明虾等。

### 6. 浙菜

浙江菜的特点是清、香、脆、嫩、爽、鲜。浙江湖清山秀，风光淡雅宜人，其菜如景，有秀雅之风。

浙菜的代表菜肴有：东坡肉、西湖醋鱼、生爆鳝片、龙井虾仁、西湖莼菜汤、干炸响铃、叫化童鸡、油焖春笋、清汤鱼圆、干菜焖肉、大汤黄鱼、爆墨鱼卷、锦绣鱼丝等。

### 7. 湘菜

湖南菜的特点是用料广泛、油重色浓、刀工精妙、形味兼美、技法多样尤重煨，多以辣椒、熏腊为原料，口味注重香鲜、酸辣、软嫩。

湘菜的代表菜肴有：红烧肉、腊味合蒸、东安子鸡、麻辣子鸡、红煨鱼翅、发丝牛百叶、油辣冬笋尖、板栗烧菜心、剁椒鱼头、汤泡肚、冰糖湘莲、白辣椒蒸火焙鱼、干锅茶树菇等。

### 8. 徽菜

安徽菜的特点是选料朴实、讲究火功、重油重色、味道醇厚、保持原汁原味。徽菜以烹制山野海味而闻名。

徽菜的代表菜肴有：符离集烧鸡、火腿炖甲鱼、腌鲜鳜鱼、雪冬烧山鸡、火腿炖鞭笋、毛峰熏鲥鱼、奶汁肥王鱼等。

## 二、座次安排

中餐一般都使用圆桌。

正式的中餐宴请，在安排座位时通常应遵循以下原则：

面门为上——面对门的座位为上座，背对门的座位为下座；

远门为上——远离门的座位为上座，靠近门的座位为下座；

居中为上——居于中部的座位为上座，两侧的座位为下座；

居右为上——主人右侧的座位位次高于主人左侧座位的位次；

临台为上——如果就餐时观看舞台演出，以面临舞台、临近舞台的座位为上座；

开阔为上——座位周围空间开阔者为上座；

观景为上——方便看到风景者为上座。

排定座次时，应根据餐厅具体情况做综合考虑。

### 1. 桌次排列方法

以主桌位置作为基准，与主桌距离相等的两张桌子，右高左低；与主桌在同一方向的两张桌子，近高远低；各桌的主位位置，应当朝向同一方向。桌次排列方法如图6-9 ~ 图6-12所示。

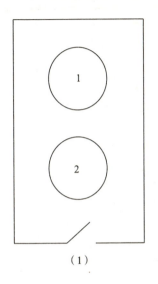

（1）

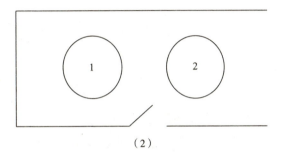

（2）

图6-9　两桌排列

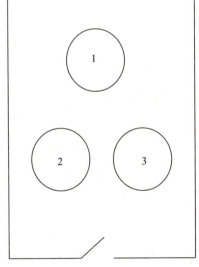

图6-10　三桌排列

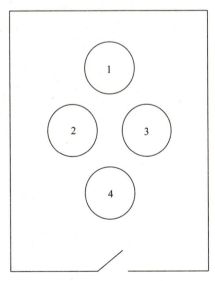

图6-11　四桌排列

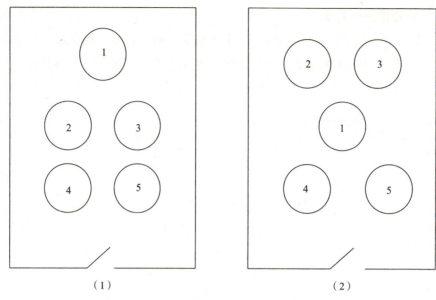

（1）　　　　　　　　　　　　　（2）

图6-12　五桌排列

## 2. 座次排列方法

入座时，应请尊者先入座，并请尊者坐于尊位。通常，面门居中位置为主位；可主左宾右分两侧而坐，或主宾双方交错而坐；越近首席，位次越高；同等距离，右高左低。

只有一位主人的排列方法如图6-13所示。

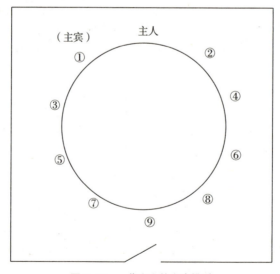

图6-13　一位主人的座次排列

宴请上级领导（或长辈）时，可请上级最高领导坐在主人的位置，其他人按级别顺序依次排列。

有两位主人的排列方法在国内可见三种，如图6-14所示。

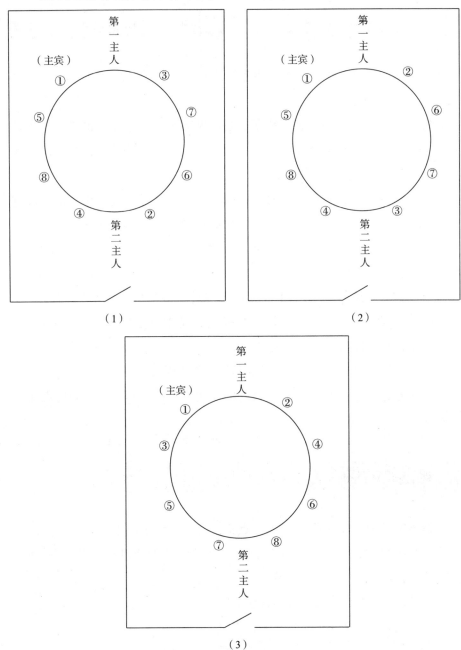

（1）

（2）

（3）

图6-14 两位主人的座次排列

## 三、上菜顺序

正式中餐宴席平均 10 人为一桌，每桌提供 14 ～ 16 道菜肴，通常上菜顺序为：

（1）冷盘。又可称为凉菜、拼盘、冷荤、冷拼、冷碟、围碟或开胃菜。一般在宴会 15 分钟之前摆上冷盘。

（2）主菜。又称为大菜、头菜，是宴席菜单中的精品，也是宴席中档次的象征。商务宴请时，主菜的规格要与主宾的身份相适应。高档的商务宴请，主菜约占整桌菜肴成本的 55%。

（3）热炒菜。又可称为热菜类，既可佐酒，又可佐食。热菜的搭配选择要求食材、口味及烹调方法在适合客人口味的前提下变化多样。

（4）甜菜。包括各种蜜汁、拔丝、甜味汤羹等菜肴。宴席通常要有一种甜菜，起到变换口味的作用。

（5）点心。是主食种类中的一种，也是热菜的配角，可随热菜而上。

（6）汤类。通常是宴席最后一道菜肴，是多数宴席收口的重要标志。粤菜中的汤会在冷盘之后、头菜之前上来。

（7）主食。起到补充热量、避免客人吃不饱的作用。

（8）水果。起到爽口和补充营养的作用。水果用毕，主人即可宣布宴会结束。

## 四、点菜的方法

商务宴请时，常由主人或主宾点菜，又因具体情况而灵活多变。主方点菜时，应特别注意菜肴风格适合主宾及其他客人的口味；客方点菜时，应注意不要超出主人的经济承受能力。

点菜时，应当注意以下几方面：

（1）先询问客人有何忌口、有何喜好。

（2）点菜的顺序，应当与中餐上菜的一般顺序一致：

①冷盘；②冰爽的刺身类菜肴；③较名贵的主菜；④炸制食品；⑤鱼；⑥虾、海鲜小炒；⑦肉类；⑧素菜小炒；⑨蟹类；⑩绿叶时蔬；⑪甜菜；⑫汤羹；⑬主食；⑭水果。最后点与菜肴相搭配的酒水。

重要的商务宴席，菜肴和主食、水果的品种应较为完备。一般餐馆菜单上的菜名排列顺序，与上菜顺序基本一致，点菜时从前往后点即可。

（3）点菜的数量：1大盘菜 =1.5 中盘菜 =3 例盘菜。

2 ~ 4人可点3 ~ 4菜、1汤，全部为例盘。

5 ~ 7人可点5 ~ 6菜、1汤，汤为中盘，菜为例盘、中盘各半。

8 ~ 12人可点8 ~ 10菜、1汤，汤为大盘，菜为中盘、大盘各半。

餐馆全部为例盘时，应将中盘与大盘换算为例盘，增加菜肴的数量。

在宴请外国客人时，应参考西餐的菜量，酌情减少菜肴的品种或分量，尽量做到用餐结束能全部吃完。

（4）在适应客人口味的前提下，菜肴的口味要有区别。点菜时要注意各种菜品的口味有所差异，冷、热、甜、咸、酸、麻、辣等各异。

（5）在避开客人忌口食材的前提下，菜肴的品种应尽量丰富。应在鱼、虾、肉、禽、菌、蔬菜等食材中尽量选择更多的品种。

（6）菜肴的色泽宜丰富，黄、红、绿、白、金、黑色彩各异。商务宴请中要避免点出"全素色"席。

（7）烹调方法多样。中国菜肴的烹调方法有煎、炒、烹、炸等多种多样，各地还有各种特色烹制方式，点菜时要注意各种菜肴的烹调方法有所差异，使宴席口感更加丰富。

（8）价位组合合理。商务宴请中要以主菜显示宴请规格，其他菜品应高、中、低价位灵活组合，在不铺张浪费的前提下，让客人吃好、吃饱。

## 五、使用中式餐具的礼仪

中式餐具主要有碗、盘、杯、匙、筷，根据其大小形状分为不同规格。筷有木制、竹制、塑料制品等不同类型，而其他餐具大多使用瓷器，高档宴会有时使用铜器或银器餐具。中式餐具较为简单，对我们来说很容易识别。中餐常见摆台方式如图 6-15 所示，筷架上还可同时放置不锈钢长柄汤勺。

图 6-15 中餐摆台

### 1. 使用筷子的礼仪

（1）筷子的正确持法如图 6-16 所示。不要将筷子插在饭碗里（办丧事，供奉死者时，筷子直插在上供的饭碗中，被视为供筷）。

（2）两个人的两双筷子不要同时伸向同一个盘子（这样会造成筷子打架，是极不礼貌的动作，应请对方先取；或说声"对不起，失礼了"，自己先取，然后再请对方取）。

（3）不要用筷子击打碗盘等餐具，发出叮叮当当的声响（此举表示对饭菜不满意或是抗议上菜迟缓。显得没有涵养，故应避免）。

（4）挟取食物时动作要干净利落，不要将汤水滴滴嗒嗒落到桌面上（像泪珠般，故称泪筷）。取有汁的菜肴时，可用碗盘接一下再食用。

图 6-16 正确的持筷方法

（5）有筷架（图6-17）时，应把筷子置于筷子架上，不要把筷子横跨在碗上。（中国古代宴请时如果主人把筷子置于碗口，这是在下逐客令。如果客人把筷子置于碗口，意思是说主人吝啬，不让客人吃饱。这一习俗目前已不太讲了，如果餐桌上无筷架，则允许把筷子横跨在碗上。）

（6）两只筷子不整齐时，不要在桌上蹾。这样既不卫生，也不雅观。用两手轻轻摆齐即可。

（7）在宴席上与人说话时，不要挥舞着筷子做手势，此时应把筷子放在筷架上。

（8）招待客人时，应选取一样长短、一样颜色的两根筷子作为一双。

图6-17　筷架

### 2. 使用碗、盘（食碟、骨碟）和勺子的礼仪

在中国的不同地区，碗和盘子（又称食碟、骨碟）的使用方法略有不同：有些地区用碗来盛放菜、汤和饭，盘子只用来盛放骨头、鱼刺等不吃的食物残渣。有些地区用碗来喝汤、盛饭，用盘子来盛菜，不吃的食物则堆放在盘子里靠边的一侧区域上。一般情况下，就餐时采用与尊者相同的方式更为妥当。

食物残渣不要直接放在桌面上，应放在盘子里，如果盘子放满了，可请服务员清理或更换。

日本人喜欢端起碗来吃饭，韩国人不喜欢端起碗来吃饭。在中国，两种方法都可见到，并无硬性规定。用筷子吃小碗里米饭时，端起碗会比较容易操作；用筷子吃大碗里的面条等食物时，如果觉得端起碗的动作比较辛苦且不够斯文，可将碗置于桌上，使用筷子将食物夹起送到嘴里。无论是否端起碗来吃饭，都应以食物就口，不要俯身把嘴凑到碗边去吃。

使用汤匙时，不要舀得过满，以免食物或汤溢出来弄脏衣服或桌面。食物或汤太烫时，不要将食物舀来舀去，也不要舀起来用嘴对着吹，应待食物不烫时再吃。不要把勺子含在嘴里，也不要吮吸或舔食勺子上的食物。

### 3. 使用席巾（餐巾）和湿毛巾（香巾）的礼仪

中餐中的"餐巾"，叫做"席巾"更为恰当，因为在中餐中通常不使用席巾来擦手、擦嘴，席巾的作用一是在用餐过程中避免食物弄脏台面和客人衣服，二是在美化席面的同时起到定位的作用。餐前，席巾会被叠成各种花形的杯花或盘花，使餐台看上去美观大方，主位的席巾花形通常比客位的巾花花形大且独特（图 6-18 ~ 图 6-20），便于客人识别。

图 6-18　主人席巾折花　　　图 6-19　第二主人席巾折花　　　图 6-20　宾客席巾折花

客人入座之后，服务员会帮助客人铺席巾：将席巾的一角压在盘子下面，对角线与客人对正，顺台面平铺下来，如图 6-21 所示。

图 6-21　铺席巾的方法

正式的用餐过程中至少会上两次湿毛巾（香巾）：入座后，服务员会从主宾开始依顺时针方向为客人每人上一块湿毛巾，客人擦手之后，服务员会将湿毛巾一一撤下；之后再上第二块湿毛巾，置于客人左手边的毛巾篮或毛巾碟上，供客人在用餐过程中擦嘴、擦手。注意，不要用湿毛巾擦其他地方。

## 六、敬酒礼仪

（1）宴席开始前，应先了解来宾身份并留意相互之间的称呼，以便判断身份高低。

（2）在正式宴会上，宾主入座后、用餐开始（动筷子）之前，由主人首先向全体来宾提出因某个事由而饮酒，并说祝酒词。碰杯时，主人和主宾先碰。集体干杯前，应和他人碰一下酒杯，相互距离远的人，可举杯致意。国内很多地方习惯多人同时用杯底碰一下转盘（或桌面），以示干杯。

（3）敬酒时，应起身站立，右手端起酒杯，或者用右手拿起酒杯后，再以左手托扶杯底，面带微笑，目视他人，特别是自己的敬酒对象，嘴里同时说祝福的话。使用西式的高脚酒杯敬酒时，可以按照西餐酒杯的拿法，只用单手举杯即可。碰杯的时候，应该让自己的酒杯低于尊者的酒杯，表示对尊者的尊重。与下属碰杯时，酒杯不要放得太低。

（4）被敬者要手拿酒杯起身站立。将酒杯举到眼睛高度，碰杯后，将酒一饮而尽或适量喝下。即使是滴酒不沾，也要拿起杯子喝一小口。然后，还要手拿酒杯与敬酒者对视一下，然后放下酒杯并坐下。

（5）向尊者敬酒时，可以多人敬一人。给下属敬酒时，可以同时敬多位下属。

（6）依次敬酒。一般情况下，敬酒应以先职位高后职位低、先宾后主、先年龄大后年龄小为序。无特殊身份的人时，可按由主宾到主人的（顺）时针顺序依次敬酒。不要因为有求于某人就只给此人敬酒而不给他人敬酒。

（7）接受敬酒之后，要适时回敬对方。在规模盛大的宴会上，主人会依次到各桌敬酒，而每一桌可派遣一至数位代表到主人的餐桌上去回敬。

（8）不要强劝身体状况不适合饮酒的人饮酒，禁止劝开车的人饮酒。过去人们干杯时强调"一饮而尽"，现在常由双方协商饮下多少酒量。

（9）拒绝他人敬酒的常用方法：

①祝酒开始之前，主动请服务员给自己倒上非酒精类的饮料，并说明自己不饮酒的原因。

②请敬酒者允许自己少喝一点儿酒。

③委托亲友、部下、晚辈代喝。

有人给自己敬酒时，不要把酒杯翻过来，也不要将他人所敬的酒悄悄倒在地上。

（10）感觉不适，立刻去洗手间休整。

（11）酒宴结束之前大家会一起干杯，如无特殊情况，不要拒绝喝完杯中的酒。

## 七、用餐过程中的礼仪

（1）准时赴宴。大部分宴席都会等到所有人到齐才开始，因此，地位低的人应提早到达，可在休息区内喝茶等候尊者到来，而不要让尊者等自己。

（2）谦让入座，请尊者先入上座。入座后姿势端正，不要将手臂放在邻座的椅背上。等主人示意宴席开始时，客人才能开始动筷。

（3）要品尝、赞美。不喜欢吃的菜也要尝一尝。往食物里加调料前要先思后行，不要不尝就猛加调料，也不要拼命吃咸菜或调料酱，否则主人会以为饭菜不合客人的口味而内心感到不安。

（4）放置茶壶时，壶嘴不能对人（因壶嘴和"虎嘴"音近；旧时以敬酒（茶）的方式辞别某人时，就使壶嘴对着此人的杯子，故以壶嘴对着他人也意味着要赶对方走）。

（5）夹菜时，筷子不可在菜盘里乱搅，也不要把筷子伸到离自己太远的菜盘里。

使用非电动式转盘的桌子时，应主动帮助转动转盘（由主宾至主人方向顺时针旋转）。菜肴转到自己面前时再动筷子，不要抢在邻座前面。一次夹菜也不宜过多。自己夹完后，要将台上的菜转到下一个邻座人的正前方。如果有其他人正在夹菜，一定要耐心等待此人夹完后再转动转台。自己正在转动转台的时候，如果有人突然要夹菜，则应当控制转台使之停下来，等此人夹好后再继续转动转台。如果别人正在转动转台，则要等转台停下来之后再夹菜，千万不要筷子追着转台跑。

（6）一旦夹上食物，应立即放入盘中，不要停留时间过长。夹菜时动作要稳，不要碰到邻座，不要把盘里的菜掉到桌上，也不要把汤碰翻。若不小心将菜掉到盘外，不可捡起放回盘内。如果有人正在夹某个菜，那么要等此人夹完之后自己再夹。

（7）不要只吃自己喜欢的食物，遇到美味不要独吞。也不要只盯住自己喜欢的菜吃，或者先夹很多自己喜欢的菜堆在自己的盘子里。

（8）用筷子去取一块食物时，要尽量避免自己的筷子碰到其他食物。条件允许的话，用公筷和汤匙。自己碰过的食物不要放回公用器皿中。不可吃得满嘴流汤。咀嚼食物时不要发出"叭叭"的响声。

（9）吃鱼时不要将鱼翻过来（与翻船、翻车相关联，故为不祥），应吃完一面后拿掉鱼骨（可请服务员代为操作），然后再吃下面的鱼肉。

（10）吃食物时不要不嚼就吞下去。细嚼慢咽不仅有利于消化，吃相也比较文雅。食物太烫时应从容等待。

（11）口中有食物时应避免说话，故小口进食比较便于谈话。即使很饿也要一口一口慢慢吃，不要狼吞虎咽。整个进餐过程中要与同桌人相互交流，眼睛不要总是盯着菜肴。

（12）在餐桌上使用牙签时，最好以餐巾或手遮掩。不要边说话边剔牙。正式的宴会中不宜当众使用牙签，如果必须剔牙，可以去洗手间剔。

（13）咳嗽或打喷嚏时，不可对着餐桌或他人，应扭过身体并以手遮掩，并说"对不起"。

（14）进餐过程中不宜吸烟，如需吸烟，应在许可的区域内吸烟。

（15）餐具掉在地上应另换新的，不宜俯身捡拾，应请服务员代为处理。

（16）餐后不要不加控制地打饱嗝；在主人还没示意结束时，客人不能无故先离席。若确实需要先离席时，应向主人说明并取得对方同意。

## 习题

1. 点菜时有哪些注意事项？

2. 中餐圆桌座次有哪些排列方法？

3. 敬酒时有哪些注意事项？

4. 观察自己和同事在用餐时有哪些做得好的地方和做得不好的地方。

## · 第三节 ·
# 西餐礼仪

西餐中的"西"，是指地理位置处于西半球的国家，通常包括欧洲、美洲、东欧各国、澳大利亚、新西兰等。

西餐一般以刀叉为餐具，以面包为主食，多以长形桌台为台形。

## 一、西餐文化的特点与常见菜式

西餐的主要特点是主料突出、形色美观、口味鲜美、营养丰富、供应方便等。西餐文化讲究 6 个"M"，即 Menu（菜谱）、Music（音乐）、Mood（气氛）、Meeting（会面）、Manner（礼节）和 Meal（食品）。菜谱被视为餐馆的"门面"，通常都会采用最好的材料做菜谱的封面，有的甚至用软羊皮打上各种美丽的花纹，显得格外典雅精致。高级豪华的西餐厅，通常会有乐队演奏柔和的乐曲，一般的西餐厅也会播放一些美妙典雅的背景音乐。西餐厅里特别讲究的是乐声的"可闻度"，即声音要达到"似听到又听不到的程度"——集中精力和友人谈话时听不到，休息放松时就能听得到，这个火候被把握得恰到好处。或高贵或温馨或迷人的气氛、共同进餐的伙伴、精美的食物以及得体的就餐礼仪，都是西餐文化不可或缺的要素。

西餐的分类，按照每天用餐的不同时段，分有正餐（午餐、晚餐）、早餐、早午餐、下午茶、小点。按照制作正式与否，又有家常餐、快餐、餐厅菜式之分。按照国家不同，西餐可以分法式、英式、意式、俄式、德式、美式等。

### 1. 法国菜

法国是世界三大烹饪国（中国、法国、土耳其）之一，欧洲的美食以法国为最佳。法国菜无论从视觉上、嗅觉上、味觉上，还是触觉上，都给人以美的享受，并且非常讲究环境与服务的艺术性。精致、优雅和艺术化，是法国菜的突出特征。法国是优质葡萄酒、香槟和白兰地的产地之一，在烹调焗蜗牛、大鹅肝、黑麻菇等菜品时都会放一些酒。法国人对于酒在餐饮上的搭配使用也非常讲究。除了精致可口的美食本身之外，餐具及餐桌摆设、用餐着装和举止礼仪等，在法国餐饮文化中也占有重要的地位。

图 6-22　鹅肝酱

法国菜的代表菜有：鹅肝酱（图6-22）、牡蛎杯、焗蜗牛、法式小龙虾、鱼子酱、松露、马令古鸡、麦西尼鸡、洋葱汤、马赛鱼汤等。

### 2. 英国菜

英国菜相对来说比较简单、清淡、喜酥香、不食辣，但注重用餐情调与用餐礼仪。简洁与礼仪并重，是英式西餐的典型特征。英国人不精于烹调，但英式早餐却比较丰富，英式下午茶也格外丰盛和精致。

英国菜的代表菜有：炸鳕鱼、炸马铃薯、烤牛肉、鸡丁沙拉、烤大虾苏夫力、薯烩羊肉、烤羊马鞍、冬至布丁、明治排、牛肉腰子派、炸鱼排、皇家奶肉鸡等。

### 3. 意大利菜

意大利烹饪艺术具有悠久的历史，被誉为"西菜烹调艺术之母"。意大利菜味道浓重朴实，喜欢原汁原味，一般都会直接利用食材内在的鲜味烹制。意大利菜品种非常丰富，各种通心粉、比萨饼、海鲜、葡萄酒风味各异、品种繁多。

比萨（图6-23）原本是为方便外带而制作的，很少出现在高级餐厅里，最多只是以开胃拼盘的形式出现。据统计，日前在意大利就有超过两万家的比萨店。如今，比萨已成为深受大家喜爱的全球通行的美食。大家都习惯将比萨折起来，拿在手上吃，因此"好的"比萨必须软硬适中，即使将其

图6-23　比萨

折叠起来，外层也不应破裂。此外，意大利的面食在西餐当中也独树一帜。

意大利菜的代表菜有：小牛肉片、鲜肉盘、馄饨汤、烤羊排、米兰小牛胫肉、火腿起司牛排、红炖白豆牛肚、蔬菜烤鹌鹑、香料烤羊排、茄汁鲈鱼等。

### 4. 德国菜

德国菜对肉类的应用有其独特的方法，单是火腿、熏肉、香肠等食物的制作方法就有不下数百种。德国盛产葡萄酒，而啤酒的产量更大。德国人比较注重早餐；晚餐虽较为随便，但很讲究晚餐的气氛。德国的马铃薯品种繁多，烹调方法各异，是德国人一日三餐不可缺少的主食。

德国菜的代表菜有：醋烩牛肉、脆皮猪肘、法兰克福热狗肠（维也纳小香肠）、什锦海鲜、土豆色拉、烤全鹅、煎羊排骨等。

### 5. 俄罗斯菜

俄罗斯人的食物有"五大领袖"，即面包、牛奶、土豆、奶酪和香肠；"四大金刚"，即圆白菜、葱头、胡萝卜和甜菜；"三剑客"，即黑面包、伏特加和鱼子酱。在俄罗斯，各种花样的甜面包通常被用作茶点，而微咸的罗宋面包被用作主食。俄罗斯人的早餐一般比较简单，午餐和晚餐会比较讲究。俄罗斯人喜欢各种浓汤和冷盘，对伏特加情有独钟。欧洲人视鱼子酱为上等美食，其中又以俄罗斯产的为上品。鱼子酱有口味较重的灰鱼子酱（明太鱼）、腥味较重的红鱼子酱（鲑鱼）和黑鱼子酱（鲟鱼），以黑鱼子酱为最佳。

俄罗斯菜的代表菜有：土豆烧牛肉、红菜汤、鱼子酱、白菜汤、烤鱼、黄油鸡卷、红烩牛肉等。

### 6. 美国菜

美国是典型的移民国家。美国菜的历史很短，传统意义上的美式食品包含了几乎所有的欧式主食，而欧亚等移民又使美国的餐饮更加多元化。比较富有美国当地特色的则是快餐，如麦当劳、肯德基、比萨店和热狗快餐店等。美国人喜欢源自英国的牛排、源自法国的薯条、源自德国的汉堡包，并且将其美国化。

美国因为移民多，饮食的多元化特征非常明显，德、意、法、中、韩、日、西班牙、墨西哥口味精彩纷呈，很难选择出公认的代表菜。

## 二、座次安排

西餐一般都使用长桌。

### 1. 桌次排列方法

安排多桌宴请的桌次时，应以面对门的方向为准（面门定位），遵循居右为上、远门为上、居中为上、临台为上、靠墙为上、观景为上的原则。以主桌位置作为基准，与主桌距离相等的两张桌子，右高左低；与主桌在同一方向的两张桌子，近高远低。

两桌横排时，右高左低。两桌竖排时，远门为上。

三桌的排列如图 6-24 所示。

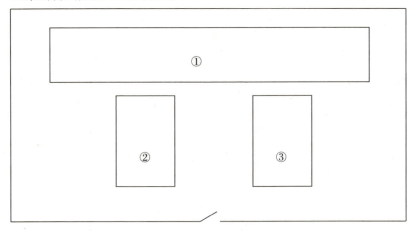

图 6-24　三桌排列

四桌的排列如图 6-25 所示。

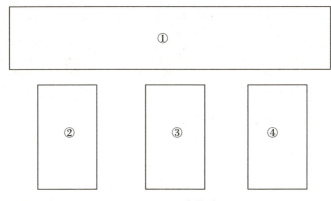

图 6-25　四桌排列

### 2. 座次排列方法

西餐的座次安排，男女主人通常分坐于长桌的两端，或在长桌横面的中央面对面坐。西方人遵循"女士优先"的原则，通常，女士的座位席次要比男士高，整个宴席都是以女主人为第一主人。背靠墙，离入口、厕所远，或者能看到优美的风景的座位都可能成为上座。女士、长者优先。服务员在引领客人入座时通常走在最前面，后面跟着女士，男士则走在女士的后面。

西餐座次排列"以右为尊"，男女主人右边的席次高于左边的席次。

在可能的情况下，男士和女士应间隔排列。

西餐长桌的座次排列方法如图 6-26 所示。

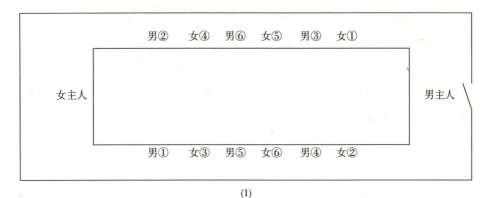

(1)

图 6-26　西餐长桌座次排列

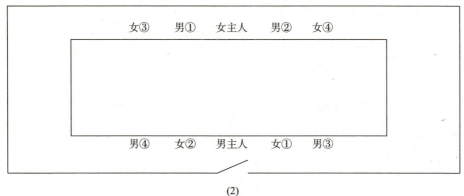

(2)

图 6-26　西餐长桌座次排列

## 三、点菜的方法

入座之后可以先点餐前酒。如遇商务宴请不宜喝酒的情况，可点非酒精饮料。自主选择不饮餐前酒也是得体的行为。

点好餐前酒或饮料之后，再选菜。

### 1. 套餐

套餐菜单是由餐厅事先为顾客搭配组合好的整套菜肴。通常由前菜、主菜、甜点、咖啡等组成。套餐是餐厅精心选择组合而成，具有搭配合理和节省费用的特点。如果对菜肴不熟悉或是首次光顾该餐厅，选择套餐不失为一种省心省力的方法。

### 2. 随意点

随意点是指顾客自行从菜单中挑选自己喜爱的品种的点菜方法。

随意点时可以先选择主菜，然后再根据主菜的品种来选择前菜、汤和与之搭配的葡萄酒。吃完所点菜肴之后，再继续加点起司、甜点、咖啡、餐后酒也是可以的。

随意点最简单的方法是点一道前菜和一道主菜，然后根据需要决定是否点汤或其他喜欢的食物。

### 3. 组合式套餐

组合式套餐是指顾客按照套餐的基本形式来点菜，每种菜肴都有数个品种可供挑选。

　　在很多正式的西餐厅里，相同的菜单会做成两个不同的版本：一份标示价格，一份不标示价格。服务人员会将标示价格的那份菜单递给请客的一方，而将未标示价格的餐单递给被招待的一方，以便客方能够不顾及价格而选择自己喜欢的食物。

## 四、使用西式餐具的礼仪

　　西餐与中餐的主要区别是：中餐所有的菜都摆在餐桌中间，大家一起分享；而西餐每道菜都已分好，每人一份放在自己的盘子里。中餐自始至终使用一双筷子（特殊情况才换一副筷子）；西餐每一道菜都用一副（只）餐具。

　　西餐厅餐具的常见摆放方法如图 6-27 所示。

图 6-27　西餐厅餐具摆台

西餐宴会套餐餐具常见摆放方法如图 6-28 所示。

图 6-28　西餐宴会套餐餐具摆台

西餐餐具的基本使用原则是：从外侧向内侧取用。一道菜配一副刀叉，如果是汤，就单用一只勺子。也就是说，如果第一道菜是开胃菜，那么吃开胃菜用的叉子会放在最左边，吃开胃菜用的刀子会放在最右边。吃完开胃菜后，服务员会将装开胃菜的盘子和吃开胃菜所用刀叉一并收走。假设第二道菜是汤，那么接着使用右边外侧的勺子即可。等汤碟和勺子收走后，现在最外侧的刀叉应当为第三道菜所用刀叉。盘子上方的餐具是吃甜食、点心等所用，同样是从外侧向内侧取用。

万一用错餐具也不要紧张，可以继续使用，下一道菜需要时请服务员帮忙再拿一副餐具就可以了。如果看到别人用错了餐具也不要去提醒，牢记"社交场合小错不纠"，以免让对方尴尬。

各种餐具的使用礼仪如下：

### 1. 餐巾

点餐之后、第一道菜尚未上桌之前，应将餐巾展开，沿中线对折（或沿对角线对折），开口朝外，中间的折痕朝向自己，平铺在大腿上，如图6-29所示。小餐巾可以不对折，自然展开平铺在大腿上。把餐巾围在脖子上是孩子气的做法，商务人员不宜采用。

需注意的是：就座后不要急于打开餐巾，要等大家就座、女主人第一个动餐巾并将餐巾平铺在大腿上之后，才可以这样做。很多宴会是在致辞、干杯后才展开餐巾。

中途离开座位的时候，把餐巾稍微折叠一下放在椅子面上就可以了，如图6-30所示。不要挂在椅子背上，那样很容易掉到地上。

用餐结束时，要等女主人第一个把餐巾放到餐桌上示意用餐结束后，再将餐巾折好放在盘子左侧的桌子上，如图6-31所示。注意将餐巾弄脏的部分折到里面，但是不要折叠得过于整齐，否则可能会被服务员误认为此餐巾没有用过。

用餐巾擦嘴时，只需拿起餐巾的边角轻按擦拭即可。

需要吐小骨头等不能下咽的残渣时，可用餐巾遮掩。

图6-29　铺餐巾的方法

图6-30　中途离席

图6-31　用餐结束

## 2. 刀叉

西餐餐具中的刀叉是用来切取食物的。切的时候右手握刀，左手握叉来控制被切的食品。食用肉类等较为坚硬的食物时，刀叉的持握方法如图6-32所示，食用鱼肉等柔软食物时，刀叉的持握方法如图6-33所示。

图6-32　食用坚硬食物时刀叉的持握方法　　图6-33　食用柔软食物时刀叉的持握方法

　　把小颗粒食物聚集起来时，刀叉的持握方法如图6-34所示，刀子可固定不动，只需将叉子向刀子方向移动，便能将小颗粒食物聚集到叉子上。叉子也可正面凹陷处朝上，用于舀起食物。

　　刀叉的使用方法，欧美略有不同。欧洲人一般右手握刀，左手握叉，叉子不转手。切下一小块食物后（每次只切一块），用刀子将食品推到叉子齿上，左手持叉将食物送到嘴里。往嘴里送切好的食物时，叉齿朝下。如果是食用豌豆或其他软质食品，叉齿可以朝上。停下来的时候，手要露在餐桌上面。美国人习惯切完后将刀子放在盘子上部边上（刀刃向里），叉子转到右手叉起食品（图6-35），叉齿向上送到嘴里。停下来的时候，双手放在大腿上。

图6-34　聚集小颗粒食物时刀叉的持握方法　　图6-35　美国式叉子的持握方法

　　在美国也可见到欧式刀叉用法。但总体来说，欧洲人一般习惯于左手持叉、叉齿通常向下；美国人习惯于切食物时叉子在左手上（每次最多切3块），吃食物时将叉子换到右手上，叉齿向上或向下皆可。欧式和美式的刀叉用法皆可采用，但要注意在每次用餐过程中始终采用同一种方法。当然，如果想取得良好的沟通效果，和共同进餐者采用同样的方式其效果会更好。

某道菜未吃完中途休息时，以及某道菜已经吃完可以收走餐具时，刀叉的法式、英式、美式摆放方法如图 6-36 ~ 图 6-38 所示。

(1) 我在休息　　　　　　　　　　　　　(2) 我已吃完

图 6-36　法式刀叉的摆放

(1) 我在休息　　　　　　　　　　　　　(2) 我已吃完

图 6-37　英式刀叉的摆放

(1) 我在休息　　　　　　　　　　　　　(2) 我已吃完

图 6-38　美式刀叉的摆放

### 3. 汤盘与汤匙

装在汤盘里端上来的汤，应当用汤匙一勺一勺舀着喝。拿汤匙时用右手，握住勺柄中间偏上部位，手指姿势像拿钢笔一样。使用汤匙时，英国人通常由内向外舀汤，汤匙横向将汤送入嘴里；法国人通常由外向内舀汤，汤匙直着以匙尖先入口，将汤送进嘴里。

装在汤杯中的汤，如果里面有蔬菜、肉等固形食材，可以用勺子将固形食材吃完后，再端起汤杯喝汤。

装在汤盘里的汤不可以直接端起来喝。汤盘里还剩少许汤时，可以略倾斜汤盘，舀起最后一勺汤。如果汤杯里装的是清汤，可待汤温适宜时直接端起杯子来喝。双耳杯双手端，单耳杯单手端。

汤喝完后，汤匙应放在汤盘（汤杯）下面的碟子上，如图 6-39 所示。没有碟子或碟子太小时，汤匙可以凹面朝上放在汤盘里，如图 6-40 所示。

图 6-39　用汤完毕，汤杯与汤匙的摆放　　　图 6-40　用汤完毕，汤盘与汤匙的摆放

### 4. 酒杯

西餐餐厅一般会为各种酒选择其适用的玻璃杯。常用的几种高脚酒杯如图 6-41 所示。

勃艮第杯和波尔多杯是红葡萄酒杯。勃艮第杯适用于勃艮第产区所产的红葡萄酒以及黑品乐葡萄酿造出来的红葡萄酒，波尔多杯适用于波尔多、智利、澳洲产区生产的果香浓郁的红葡萄酒。

霞多丽杯和雷司令杯是白葡萄酒杯。霞多丽杯适用于以霞多丽葡萄为主酿造出来的果香型的白葡萄酒，雷司令杯适用于雷司令、长相思等葡萄品种酿造出来的酸度较高的草香型白葡萄酒。

图 6-41　常用的高脚酒杯

通用杯可通用于白葡萄酒和红葡萄酒，适合聚餐等轻松场合。

细长杯身的香槟杯便于欣赏气泡升腾的过程，适用于香槟等气泡葡萄酒。

甜酒杯适用于冰酒、贵腐酒等甜酒和雪利酒、波特酒等加强葡萄酒。

高脚酒杯如葡萄酒杯、香槟杯、鸡尾酒杯等，都是用手握住杯脚部分来持杯。如果用手握住杯身，手的温度会使常温酒或冰镇酒的温度升高，使适宜低温饮用的酒口感变差。

红葡萄酒的持杯方法有两种，如图 6-42 所示。

香槟酒杯的持杯方法，如图 6-43 所示。

(1)

(2)

图 6-42　红葡萄酒杯的持杯方法　　　　图 6-43　香槟酒杯的持杯方法

矮脚酒杯如白兰地酒杯，可直接握住杯身，或将杯身捧在手掌上，如图 6-44 所示。手的温度使白兰地的温度升高，口感会更香醇。

图 6-44　白兰地酒杯的持杯方法

## 五、西餐酒礼

### 1. 西餐中酒的分类

西餐中的酒以配餐方式对酒进行分类：

（1）餐前酒：是人们在餐前饮用的酒，能够起到唤醒味觉、增加食欲的作用，因此也叫开胃酒。常见的开胃酒有味美思酒、苦艾酒（也称比特酒）、茴香酒、白葡萄酒等。餐前酒的饮用方法为净饮、加冰饮、混合汽水或果汁饮用、与其他酒调和饮用。

（2）佐餐酒：主要是指葡萄酒，如红葡萄酒、白葡萄酒、玫瑰葡萄酒和气泡葡萄酒等。西方人就餐时一般只喝葡萄酒而不喝其他酒类（不像中餐可以用任何酒来佐餐），而且不给葡萄酒里加冰块或其他任何东西，以免破坏葡萄酒原有的风味。

葡萄酒常见以下几类：

①白葡萄酒：由白葡萄或红葡萄去皮酿制而成。可分甜的白葡萄酒和不甜的白葡萄酒。不甜的白葡萄酒，其适饮温度为 10 ~ 12℃。甜的白葡萄酒适饮温度则为 5 ~ 10℃。白葡萄酒适合搭配海鲜、鱼类、家禽类等较为清淡的菜肴。

②红葡萄酒：由红葡萄带皮发酵而成。口感不甜，但甘美。其适饮温度为 14 ~ 20℃。但法国薄酒莱区所产的清淡型红酒，适饮温度为 12 ~ 14℃。红葡萄酒适合搭配牛肉、猪肉、羊肉、乳酪等口感较重的食物。

③玫瑰红酒：由红葡萄酿制而成，但果汁与果皮混合在一起浸泡的时间较短，因此颜色较浅。适饮温度为 10 ~ 12℃。可搭配口感适中

的食物。

④香槟气泡酒：又分为香槟酒和气泡葡萄酒两种。法国政府规定，只有在法国香槟地区出产的气泡酒才可以冠称香槟酒，而其他地方的只可以叫气泡葡萄酒。

香槟是位于法国东北部一个极小区域的地方，距巴黎约 145 公里，由于该地区肥沃的土壤、适宜的气候以及独特的名贵葡萄品种，因而酿制出了举世闻名的香槟酒。香槟酒以 2 次瓶内天然发酵的方法，产生二氧化碳而成。香槟酒的适饮温度为 5 ~ 10℃。可作为餐前酒单独饮用，或搭配白肉、海鲜等菜肴。香槟是喜庆宴会不可缺少的饮料。

⑤加强葡萄酒：是在压榨的葡萄汁中加入酵母，待其发酵时再添加白兰地使其停止发酵，故加强葡萄酒比一般葡萄酒具有较高的酒精度及甜度。加强葡萄酒多作为餐后酒，可单独饮用，也可用来搭配甜点。常见品种有波特酒、雪利酒等。

（3）餐后酒：餐后酒主要是指餐后饮用的、可帮助消化的酒，也可称之为消化酒。常见品种有白兰地、威士忌、金酒、伏特加、利口酒等。

### 2. 葡萄酒的品酒方法

（1）看与闻：首先是观看酒的颜色。葡萄酒通常用专用的玻璃高脚酒杯来装，玻璃杯的质地薄，并且无色透明。在高脚酒杯里只倒入 1/4 ~ 1/3 杯的葡萄酒，对着灯光或以白桌布为背景，观察酒的颜色与纯净度。酒液应澄清透明，不应有明显的悬浮物。在没有摇动酒杯的情况下闻一闻酒，感知酒的原始气味的结构性和纯度，这是葡萄酒的"第一气味"。

（2）摇：品评了颜色、纯净度与"第一气味"后，缓缓地摇动酒杯，使酒中的醋、醚和乙醛释放出来，同时使氧气与酒发生化学作用，让酒变得更加醇厚，也使香味散发出来。

摇的方法有两种：一是拿起酒杯向内摇晃，如图 6-45（1）所示。二是把杯子放在桌子上，用食指和中指夹住杯脚，整个手掌平贴在杯底上，将杯底压在桌面上小心地旋转（图 6-45（2）），杯里的酒会轻轻摇动。

(1)                                    (2)

图6-45　品酒摇的方法

（3）闻：摇动酒杯之后，拿起酒杯放在鼻部深闻酒的气味，这是葡萄酒的"第二气味"。

（4）尝：喝一点酒，在舌尖部分多停留几秒，然后慢慢地咽进去，品出酒的余味。

一般情况下，在餐厅点整瓶葡萄酒后，服务员会先请客人品尝（试酒）。品酒的人一般是本次宴请的主人，也可以是来宾中比较懂行的人。品尝之后，应该礼貌地表示可以。如果觉得不可以，可让服务员另开一瓶，但两瓶酒的费用都是要计入你的账单的。

### 3. 敬酒的礼仪

在正式宴会上，主人先向客人祝酒，起立举杯说祝酒词，然后饮一点儿酒，坐下。被敬酒者应拿起酒杯喝一小口，但一定不要把酒喝干。不喝酒的人可用饮料或酒水代替。敬酒完毕，被敬者可以站起来，鞠躬致谢，也可以提议向主人、厨师或其他人敬酒。

在小型非正式餐会上，敬酒者和被敬酒者可以都坐着。向距离较远的客人敬酒时，可以举杯点头微笑致意。需要碰杯时，双方可交错略倾斜杯身，以杯肚轻轻碰撞即可。这样碰杯，不易碰碎杯子且声音好听，千万不要使大劲碰杯。碰杯之后，不一定非要喝完杯中的酒。

饮酒要有节制，不要喝醉，也不要强劝他人饮酒。严禁强劝身体状况不佳的人和开车的人饮酒。

有重要嘉宾时，主人会在上甜品时建议向该嘉宾敬酒。

## 六、上菜顺序

西餐有一定的上菜顺序，不同国家、不同地区会有一定差异。西餐的上菜顺序一般为：

（1）开胃菜（头盘）。一般有冷热之分。常见的品种有鱼子酱、鹅肝酱、熏鲑鱼等。

（2）汤。大致可分为清汤和浓汤两大类。各式奶油汤、法式洋葱汤、俄式罗宋汤、意式蔬菜汤、美式蛤蜊汤等都是受欢迎的品种。

（3）前菜（副菜）。通常将鱼虾海鲜等水产类菜肴和蛋类、酥盒菜肴作为前菜、副菜。

（4）主菜。多为肉、禽类菜肴或高级海鲜。最常用的是牛肉或牛排。

（5）蔬菜沙拉（配菜）。一般安排在肉类菜肴之后，也可以作为主菜的配菜同时上桌。

（6）甜品。包括点心、冰激凌、奶酪、水果等。

（7）咖啡、茶或餐后酒。

## 七、用餐过程中的礼仪

（1）一般来说，面包会在开餐前5分钟左右送上。吃面包时，应左手拿面包，右手掰一小块儿，然后把大面包放到左边的面包盘里，换左手拿小面包块儿，用右手持黄油涂抹刀将黄油抹到面包上再吃。吃面包"吃一口掰一口"的习俗在西方已流传了几个世纪，不要用嘴咬面包吃。涂抹刀用完后，要横放在面包盘上（刀刃朝里）。在宴会的整个过程中都可以吃面包，但要在上最后一道菜的时候吃完。

（2）保持良好的坐姿（图6-46），不要将

图6-46　吃西餐时的仪态

胳膊肘支在餐桌上、用手撑着头，也不要趴在桌子上或斜靠在椅背上，不要抖腿。

（3）吃鱼时，先将一面鱼肉吃完，剔掉鱼骨后，把鱼骨放在一边，然后继续吃下面的鱼肉。不要将鱼翻过来。

（4）吃比萨的三种方法：

①用刀叉切成小块，用叉子送入口中。

②直接用两只手取食。一只手拿住比萨饼的一端，另一只手放在饼下托住，从尖角部位开始食用。

③把比萨饼纵向折叠起来，从尖角一头开始吃。这种方法可以避免饼上的干酪拉丝和比萨酱粘到脸上。

（5）吃意大利面时，将叉竖起来，每次叉上四五根面条（图6-47（1）），慢慢旋转叉子（叉尖轻抵在盘子上，将叉子整个水平旋转（图6-47（2）），直到把这几根面条结实地缠绕成一卷（图6-47（3）），然后送到嘴里。

（1）用叉子叉住面条　　　　（2）旋转叉子　　　　（3）卷好面条

图6-47　吃意大利面的步骤

如果实在无法完成，可以用汤匙辅助：先把少量面条叉在叉子上，然后用汤匙抵住面条，使面条不掉下来，旋转叉子卷好面条（图6-48），再用叉子将卷好的面条送到嘴里。在正式场合最好不要用勺子辅助。

不可用刀将意大利面切断，吸食面条也不要发出声音。

图6-48　用汤匙辅助吃面

（6）酒杯一般摆在客人的右边，所以服务员上酒时会从客人的右边斟酒。服务员斟酒时，不要端起杯子来接，杯子放在桌上斟酒更安全。服务员倒酒时，如果不想要酒，可说"不用了，谢谢"。不要将酒杯倒扣过来，也不要用手捂住酒杯。如果服务员已将酒倒入杯中，不喝即可。

一餐饭当中可以既喝红酒又喝白酒，但应该喝完一种之后再喝另外一种。

（7）不要在餐桌上剔牙，不得已的情况下可去洗手间处理。

（8）在正式宴会上，吃完甜食后，或者在吃某些需要直接动手的菜之前，服务员会端来一碗水，里面可能还有一片柠檬或一朵兰花，这碗水是用来洗手指的，这个碗叫"洗指碗"或"净手钵"。千万不要把它当成饮用水喝掉。洗的时候应该先洗左手后洗右手，并且只洗手指尖，不要整个手都洗。洗完后用餐巾擦拭。

（9）正式场合吃西餐时不可分食同一盘菜，也不可以互相交换各自的盘子。如需分食，应在点菜时告诉服务员"请将此菜分成两人份"。

（10）不要用餐巾擦拭未用过的餐具，如果服务员看到会以为餐具不干净而将你的全部餐具另换一套。

（11）咀嚼食物、喝汤时不要出声。

（12）刀叉轻拿轻放，不要发出碰撞和刮擦的声音。不要挥舞刀叉，更不要用刀叉指人。另外餐刀不能入口。

（13）每次切食物只切一块，每块的大小要适宜，以能够一口吃下为宜，不要只咬半块。进嘴的食物一般不应再吐出，非吐不可时，应用餐巾掩饰。不要直接将食物残渣直接吐到盘子里，应当先吐到叉子上，再轻轻放到盘子上靠边的地方。

（14）不要挪动盘子、互换餐具，也不要把盘子或碗翻过来观看底面的厂标等图案。

（15）用错餐具或餐具掉到地上时不要慌乱，可请服务员帮忙处理。

（16）招呼服务员时，不要喊"喂"或"服务员"，应待服务员走近时以眼神示意，或者轻轻举手示意（掌心朝向对方）。

（17）不慎将液体洒到他人身上时，立刻将干净的餐巾递给对方，不要随便碰触他人的身体。

（18）喝咖啡需要加糖和牛奶时，先加入糖，后加入牛奶。桌上同时有黄糖和白糖时，黄糖是放在咖啡里的，白糖是放在红茶里的。加糖时，要用公用的勺子舀糖放进咖啡，单独包装的则撕开包装袋直接加入。用咖啡匙搅动咖啡时不要用力过猛，以免咖啡溅出。搅拌完毕，将咖啡匙放在咖啡碟上，用手握住杯子把手端起杯子喝。咖啡太烫时，耐心等待一会儿再喝，不要用嘴吹。咖啡匙只能用于搅拌咖啡，不能用咖啡匙舀咖啡喝。

咖啡碟应当留在桌面上，不要端起来。面前没有桌子或是坐在沙发上时，可一只手端咖啡碟，另一只手端起杯子喝。

喝咖啡时不要出声。

（19）退席要请主宾先退，不要争着往外挤。

特别需要注意的是：尽管西餐礼仪有一般通行的原则，但不同国家、不同地区在用餐时也会有特别的习惯和独特的做法，应本着"入乡随俗""客随主便"的原则灵活处理。

## 习题

1. 吃西餐时，观察西餐厅的环境氛围与中餐厅有哪些不同的地方。

2. 喝咖啡时要注意哪些问题？

3. 中午吃饭时，注意自己吃饭、喝汤时是否发出了很大的声音。练习闭嘴咀嚼。

第四节

# 日餐礼仪

日本菜肴称为"日本料理"或"和食"。日本料理被称为"一丝不苟的饮食"，无论是餐桌上的摆设方式、餐具器皿的搭配、整体用餐的气氛都极为严谨，食客除了体会到味觉之美，还会享受到视觉盛宴。

## 一、日本菜的分类及特点

### 1. 日本菜的分类

日本菜根据自身特色、形成过程、历史背景等可分为三大类，即本膳料理、怀石料理和会席料理。

（1）本膳料理：本膳料理是以日本传统的文化、传统习惯为基础的料理体系，也是其他传统日本饮食形式与做法的范本。本膳料理一般分三菜一汤、五菜二汤、七菜三汤。以五菜二汤最为常见。古时候，本膳料理在日本上层社会中颇为流行，现在的本膳料理已趋于简化。本膳料理常用于很隆重的仪式活动中。

（2）怀石料理：据说"怀石"一词是由禅僧的"温石"而来。因修行中的禅僧必须遵行的戒律是只食用早餐和午餐，下午不吃饭，但年轻的僧侣耐不住饥饿和寒冷，便将加热的石头包于碎布中，揣到怀里，顶在胃部以耐饥寒，称为"温石"。后来逐步发展为少吃一点东西，起到"温石"御饥寒的的作用。怀石料理是与"茶道"一起发展起来的。"茶道"是一种隆重的品尝茶的仪式，也是接待贵客的方式之一。如果在请客人喝茶时，客人腹中饥饿，不仅对身体不好，而且影响品茶。因此，在举行茶道仪式时，在请客人品茶以前，先请客人吃点心或便饭，然后再请客人喝茶，效果好得多。这就是在茶道仪式中产生的"怀石料理"的本意。怀石料理非常简朴，只有三菜一汤。

（3）会席料理：会席料理由本膳料理简化而来，目前已成为最普遍的日本宴会料理。会席料理的形式是三菜一汤、五菜一汤或七菜两汤。最基本的三菜一汤通常包括生鱼片、煮蔬菜类、烤鱼和一道汤。

除以上三类之外，还有精进料理（原本是佛教徒食用的素餐）、御节料理（在节日时所做的特殊料理）、和风料理（日本化了的西餐）等。

日本菜从地域的角度可划分为两大地方菜，即：关东料理与关西料理。其中以关西料理影响为大，历史也比关东料理长。关东料理以东京料理为主，关西料理以京都料理、大阪料理（也称浪花料理）为主。它们的区别主要在于关东料理的口味重（浓），以炸天妇罗、四喜饭（寿司）著称，而关西料理则口味清淡，可以吃出鲜味。

### 2. 日本菜的特点

日本菜在不同的季节有不同的菜点，而同样的一种原料在四季则有不同的烹饪方法，务求原料新鲜，烹制出的菜肴能够呈现原料的天然鲜味。

日本人特别喜欢生吃海鲜，其他做法也多以煮、烤、蒸为主，带油的菜极少。为了保持菜的新鲜度和菜本身的味道，许多菜都以生吃为主。因为口味清淡，几乎每道菜都要配上一道调味汁，以各种酱油加上各种调料制成。日本酱油一般分为浓口、重口、淡口及白酱油，加上调味料就变成芝麻酱油、肝渍酱油、蓼叶醋酱汁、梅肉酱汁等。

日本菜的特色可以归结为"五味、五色、五法"。五味是春苦、夏酸、秋咸、冬甜，还有涩味；五色是绿春、朱夏、白秋、玄冬，还有黄色；五法是蒸、烧、煮、炸、生，指的是烹饪方法。

拼摆的别致自然是日餐吸引人之处。像日本的插花一样，日餐摆出来的菜也是红、黄、绿、白、黑协调，造型主次分明、装饰优美，像一件赏心悦目的艺术品。不同的季节使用不同的原料，用不同季节的树叶、松枝或鲜花点缀。既丰富了色彩，又加强了季节感。日餐拼摆的数量一般用单数，偶数的"二"可以用，"四"是绝对不能用的，原因是"四"与日语"死"的发音相同。一般多采用三种、五种、七种。各种菜点要摆成三角形，如果三种小菜即采用一大二小，五种则采用二大三小。总的来说，与中餐相比，日本料理的口味要清淡得多，菜肴质精量少。

## 二、座次安排及点菜的方法

### 1. 座次安排

日本宴会座次安排原则是越靠近壁龛的地方座次越高，而入口处是最末位座席。

进入包厢后，主人或上司应该坐在靠内离门口最远的地方，而职位最基层的人则坐在离门口最近的地方，方便帮忙传菜或关门。

如果是私人聚会，通常会由该付钱的人坐在离门口近的地方。

如果某个坐席可望见庭园或屋外的景色，即使该坐席不是上座，也可以向主宾说明，将该坐席让给主宾坐。

### 2. 点菜的方法

如果是公司聚会，一般由下属拿起菜单，询问上司想要点什么菜。

一般要先点酒，接着再点基本必点的菜：前菜（开胃菜）、清汤（吸物）、生鱼片（刺身）、煮物、烧物，其余菜色可随情况增加。

日式酱汤、三文鱼刺身、天妇罗、烤鳗鱼、秋刀鱼、寿司、色拉是不可不吃的，不然就算不上丰盛了。

## 三、使用日式餐具的礼仪

日本料理在单纯的美味之外，还带有刻意的文化意韵。日餐盛菜的器物多种多样。讲究的，要求一菜一器。按照季节的不同、菜式的不同选用不同的器物，甚至盛器上的花纹也因季节而异。用餐器皿有方形、圆形、船形、五角形、仿古形等，多为瓷制和木制，其本身就是极具观赏性的艺术品。通常，饭碗用瓷器，高级的用陶器；汤碗用木器，高级的用木漆器。鱼、酱菜、酱油等也都用不同的器皿来盛装。

使用日式餐具时，一般是右手拿取，左手扶持。

### 1. 使用筷子的禁忌

中餐与日餐虽然都使用筷子，但所用筷子是不同的。中国筷子（大约25厘米）比日本筷子（大约20厘米）长，取食的那一端比日本筷子粗。

另外，日餐与中餐筷子的放置方向也有差异。中国筷子竖放，日本筷子横放。

日餐用筷有如下之"用筷八忌"：

一忌迷筷，即手拿筷子在桌上游移，却不去夹菜；

二忌移筷，即动了一个菜后不吃饭，又动另一个菜；

三忌插筷，即用筷子插入菜中；

四忌掏筷，即用筷子从菜中间掏着吃；

五忌扭筷，即转动筷子；

六忌舔筷，即以舌舔筷；

七忌跨筷，即把筷子横放在碗上；

八忌剔筷，即以筷子代牙签剔牙。

除此之外，还禁忌：

（1）握筷：即把两根筷子握成像一根一样，好像是握着武器，这在日本是非常忌讳的。

（2）透筷：指吃鱼时，隔着鱼骨掏吃另一面的鱼肉。日本人食鱼也忌讳翻个儿。吃另一面鱼肉时，应该用筷子把鱼刺剔下，放在一边，再吃另一面鱼肉。

（3）断筷：日本人认为在室内用餐时把筷子折断是不吉利的。相反，在野外用餐后要主动将筷子折断扔掉，否则也是不吉利的。

（4）受筷：手中拿着筷子去接他人递过来的饭碗。此举不礼貌。应当放下筷子，双手去接饭碗。

（5）拨筷：嘴靠着碗或盘子边，用筷子往口中拨食。此举不雅，应当夹起来食用。

（6）直筷：对公共餐具中的食物，不用公用筷子夹取，而是用自己的筷子夹取。这是不卫生的。不要用自己使用过的筷子给别人夹菜，应当使用公用筷子。

（7）拜筷：双手夹着筷子合掌而拜。这不仅对人失礼，对神佛也是不敬的。

### 2. 使用筷子的方法

取筷子时，先以右手拿住横放的筷子（图6-49（1）），再以左手从下托住（图6-49（2）），并将右手滑向筷子向右端，然后手掌反转朝上，移向筷子中央位置（图6-49（3））。当拇指移至中央上方时，应握紧拿住，接着放开左手（图6-49（4））。放下筷子时，则以步骤（4）、（3）、（2）、（1）的顺序操作。

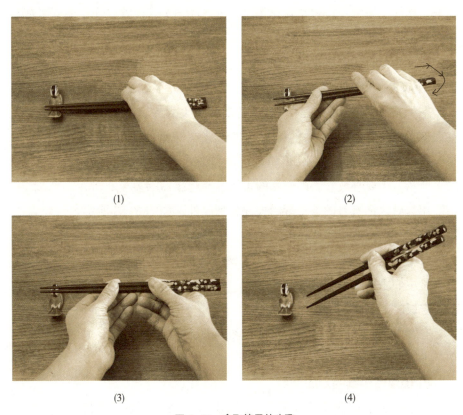

(1)  (2)

(3)  (4)

图6-49　拿取筷子的步骤

当筷子放在筷袋里时，从筷袋里取出筷子后，筷袋应纵排于食物左侧，或放置坐垫旁。用餐中途要将筷子放回筷架上，一样要横摆。不能直接放在碗盘上或贴放在桌面上。如果没有筷架，可将筷套折叠，当作筷架使用，如图 6-50 所示。

图 6-50　折叠筷套作为筷架

### 3. 使用碗的方法

吃日餐时大多是端着碗进食。每次要拿碗时，应先放下手中的筷子。然后双手捧起碗（图 6-51（1）），将碗托在左手上（图 6-51（2）），右手拿起筷子（图 6-51（3）），在左手的无名指和小指之间夹住筷子左端（图 6-51（4）），右手滑向筷子右端，手掌反转朝上，移向筷子中央位置拿住筷子（图 6-51（5）），接着放开左手，用右手拿筷子夹取食物（图 6-51（6））。

放下碗筷时，则以步骤（6）、（5）、（4）、（3）、（2）、（1）的顺序操作。

### 4. 碗盖的取放方法

左手扶碗，右手取盖。一般以餐盘的中央为界，右边的碗盖翻过来放在餐盘外边的右侧，左边的碗盖翻过来放在餐盘外边的左侧，如图 6-52（1）所示。餐桌比较小时，可将饭碗盖和汤碗盖纵排放在右边，如图 6-52（2）所示。不要叠放，否则瓷器的盖子容易将漆器的盖子划伤。

用餐后，把所有的盖子翻回去并放到原处，如图 6-53 所示。

### 5. 使用勺子的禁忌

日本家庭中通常是主妇用勺子（图 6-54）为全家人盛主食米饭，因此勺子是主妇主持家事权力的象征。

吃饭时，不能用勺子招呼人。

有客人来时，应放下勺子之后再和客人说话。

不能用勺子背盛饭，不能用嘴舔勺子。

### 6. 使用餐巾纸的方法

日本宴席上的餐巾纸可以用来擦拭筷子，也可代替托盘使用。用餐巾纸当托盘使用时，要把折叠的脊背朝外侧，放在左手上。

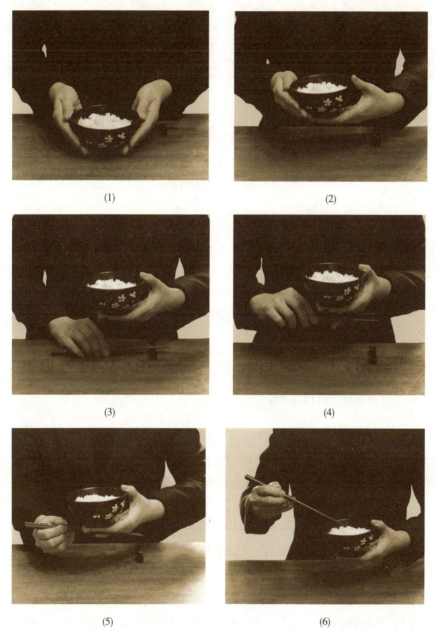

(1)

(2)

(3)

(4)

(5)

(6)

图 6-51　拿碗筷的步骤

(1)                                    (2)

图 6-52　翻开碗盖的摆放

图 6-53　餐毕碗盖放法              图 6-54　勺子

## 四、敬酒礼仪

日本清酒可分三级，从低到高依次为：纯米酒、日本酿造、吟酿。

（1）一般普通的日式酒馆，气氛随和且轻松，同行顾客都会互相为对方倒啤酒。

（2）如果一群人去喝酒的话，第一杯要等大家举杯说"干杯"后才能喝。

（3）男性持酒杯的方法：用拇指和食指轻按杯缘，其余手指自然向内侧弯曲。女性持酒杯的方法：右手拿住酒杯，左手以中指为中心，用指尖托住杯底。

（4）如果上司的酒快喝完了，属下应适时帮对方斟酒。

（5）无论是啤酒还是清酒，斟酒时，都由右手拿起酒瓶，左手托住瓶底。接受斟酒时，应当右手拿杯，左手轻轻扶着杯底。斟酒后，嘴唇要碰一下酒杯之后再放下，否则对斟酒人是不礼貌的。

（6）两人对饮时，应先给对方斟酒，然后再出对方给自己斟，不能自己斟酒。

## 五、上菜顺序及菜肴吃法

日式菜肴有的会所有菜一起上，有的会像西餐一样一道一道上。

以高级的会席料理为例，其上菜顺序通常如下：

点完菜之后，餐馆会上"先付"，这是饭馆安排的菜（即使不点也会上，而且要付钱）。先付与餐前酒一起用。吃完先付后，上前菜。

（1）前菜。目的在于试探舌头，一般有酸、甜、苦、辣、咸五种味道。

食用前菜时要从左往右吃（日餐摆盘时一般味淡的在左边，味浓的在右边）。

（2）吸物。多是以珍贵海鲜为主的汤，具有漱洗口中酒味的功能，是清香淡味的汤类。吸物因不附带汤匙，故可举碗就口，先喝一口汤，然后以筷子取食汤中的固体食料。喝一口汤、吃一口料交互进行，不可将碗放到嘴边以筷子将固体食料划到嘴里。若为有壳的蛤蜊汤，则以筷子压住蛤蜊壳之后饮之。

（3）刺身。刺身是指生食的海洋鲜鱼的肉片、软体类动物、甲壳类动物、鱼卵或其他海鲜类食物。其实原来"刺身"是因为日本北海道渔民在供应生鱼片时，由于去皮后的鱼片不易辨认其种类，故经常取一些鱼皮，并用竹签刺在鱼片上，以便识别。这刺在鱼片上的竹签和鱼皮，当初被称作"刺身"。后来虽然不使用这种方法了，但"刺身"这个名称却保留了下来，不过已变成泛指各类生鱼片了。

一般吃生鱼片的顺序是先吃清淡的，后吃油脂多、味道浓的。吃时蘸酱油与芥末。

吃生鱼片的方法：一是将生鱼片盘中的芥末挖一些到酱油碟子内，与酱油搅拌均匀，再蘸着吃；二是将芥末蘸到生鱼片上，再将生鱼片蘸酱油入食。蘸佐料时应该蘸前 1/3，轻轻蘸取，不要贪多。

吃生鱼片时，可用左手端着酱油钵在下面接着，以免酱油滴下弄脏衣服。酱油若是装在很容易洒出来的器皿里，则不用端起来。要注意的是，蘸了酱油的生鱼片要一口吃下去，不要吃不完再回来蘸酱油。

生鱼片旁边配的萝卜丝或海藻，可在两种鱼片之间食用，起到爽口的作用。

（4）煮物。即烹调方式为煮的日餐中间菜，关东煮法强调煮到汁干；关西煮法则汤汁多，故味道较淡。无汁之煮物以筷子取食。若为大块菜，则以筷子分成一口大小再食之；若无法分割须以口咬断，则以手掩口。有汁的煮物则可取容器就口。

（5）烧物。即烧烤的菜肴，常为烤鱼。吃烤鱼时，鱼头在左，鱼腹部近桌缘，从左吃起。吃完一面之后不可翻面，须以筷将鱼头、尾、骨挑起，放于餐盘上方，再继续吃另一面。一般宴会中不吃鱼头。吃毕，以装饰叶遮盖成堆的残渣。

（6）扬物。即油炸的菜，以天妇罗最为有名。扬物有时取代烧物出现于基本菜单中。一般扬物会依照味觉而排列食用的前后，通常顺序为炸虾、炸鱼、炸蔬菜。

吃天妇罗的方法：左手端起酱汁碗，右手用筷子夹起一块食物，在酱汁里蘸一下（蘸到 1/3 或 1/2 即可，不要全泡在酱汁里），然后放进嘴里。只有章鱼等比较硬的食物，才可以分几口咬食。

（7）蒸物。即蒸熟的菜，有时它会取代煮物与烧物。最常见的是茶碗蒸和土瓶。食用茶碗蒸（图 6-55）时，先一手拿稳茶碗，另一手拿汤匙划直径后，沿着碗缘划一圈即可完美分离蛋与茶碗。之后，以汤匙舀者吃。如果用筷子吃茶碗蒸，吃到最后无法夹起时可举碗喝下。

食用土瓶（图 6-56）中的食物时，可在打开杯子后先闻香气，然后将汤倒入杯子里（图 6-57（1））品汤汁。需要加柠檬汁时，可拿起柠檬块，将柠檬汁轻轻挤入杯中。喝完汤汁之后从壶里夹出固体食物放进杯子里（图 6-57（2））之后再食用（不可从壶中夹出来直接放进嘴里）。接着再将汤倒出来喝。汤和固体食物要轮流吃。吃完后，将残渣放回壶里盖上杯子，

图 6-55　茶碗蒸

图 6-56　土瓶

(1)

(2)

(3)

图 6-57　土瓶使用步骤

如图 6-57（3）所示。

（8）酢之物。为醋拌凉菜。因其酸味可激起食欲，故有人视其为第一道菜，但是，它不能当作主菜。醋拌凉菜量很小（图 6-58），但不宜一次吃完，最好分两三次吃。

（9）御饭、汁、香之物。即饭、味噌汤、泡菜。汁也被称为"止碗"，表示菜至此停止之意。饭只能盛七八分满，盛满饭碗有永别之意。吃饭时，须以碗就口。饭吃到一半才可吃泡菜，且须夹一块吃一块，忌只咬一小口而暂置于饭上。

要添米饭时，碗里留下一口饭，双手将碗放在服务员端来的盘子上；取回碗时，同样要用双手。如果不再添加，则应把碗里的米饭吃完，一点儿都不剩。

寿司（又叫"四喜饭"）是使用醋调制过的饭团，加上一些海产或肉类等食材做成的，如图 6-59 所示。日餐讲究"冷品趁冷吃，热品趁热吃"。据说寿司料理店有一个"十秒钟规则"：寿司料理店的师傅做好寿司后，放在你面前，过了 10 秒，你若还没吃，就形同放弃，旁人吃之无妨。迟迟不肯动筷是失礼的表现。

图 6-58　醋拌凉菜

图 6-59　寿司

吃寿司的时候只要把寿司一端约 1/4 位置蘸上酱油便可。吃寿司不蘸芥末，因为寿司里已经加入了芥末，只需蘸些酱油，体味寿司的原汁原味。把芥末和酱油拌匀成糊状用来蘸点寿司的做法，也是失礼的举动。吃寿司讲究的是一口吃下，唯其如此，饭香与生鱼片的香味才能完全相融。

## 六、用餐过程中的礼仪

（1）正式宴会，晚辈要比长辈先到。

（2）在榻榻米房里用餐时，女士不要穿太窄或太短的裙子。男女都应穿袜子。

（3）不要涂抹浓烈的香水。

（4）预约时，向餐厅说明准确人数和到达的时间。

（5）进包厢脱鞋之后，应该将鞋头朝外放。其步骤为：

①人面朝包厢脱下鞋子。

②没有服务员来摆放鞋子时，应调转鞋头朝外，放到不妨碍别人走路的位置。不可贪图方便，背对包厢将鞋子脱掉。

（6）皮包可以放在脚边或桌子下面，不要放在桌面上。

（7）注意欣赏环境、餐具和菜肴的美。

（8）大块的食物不能咬下一口之后再放回盘子里，应当先用筷子将食物夹出一口能吃下的小块儿，然后将这一小块全部放进嘴里。

（9）小碗、小盘子等要端起来用，但容易洒出汁液来的扁平小碟子应放在桌上用。

（10）较大的餐具如装鳗鱼饭的漆盒不要端起来，放在桌上以左手扶持，右手以筷子取用食物即可。

（11）用餐完毕，主人会对客人说"谢谢您的赏光，很荣幸与您用餐"等礼貌用语。而客人如果是晚辈，要回应"谢谢您的招待，用餐很愉快，餐点很美味"等。第二天，应打电话回礼一次，谢谢对方昨日的款待。

## 习题

1．在日餐当中，使用筷子时应当注意哪些问题？

2．吃生鱼片和寿司时应当注意哪些问题？

<br>

· 第五节 ·

# 韩餐礼仪

<br>

韩国人的日常饮食以米饭为主食，菜为副食，有时会吃面条、拌饭、汤饭等。因为饭是主食、菜是副食，所以吃什么菜是根据饭来决定的。饭与各种菜在品种、味道、温度、颜色等方面都是相互搭配的。

韩国主食以大米为主，比较清淡少油腻，而且基本上不加味精。韩国菜有"五味五色"，即甜、酸、苦、辣、咸五种味道和红、白、黑、绿、黄五种颜色组成。韩国气候寒冷湿润，辣椒、大酱、辣酱、酱油是不可缺少的调味品。

## 一、韩餐特色美食

图 6-60　辣白菜泡菜

### 1. 泡菜

韩餐当中各式各样的小菜别具一格，多数味辣、微酸，不很咸。韩国人的饮食离不开腌制品，种类很多，主要为泡菜和腌鱼。韩式小菜之中最有名气的就要数泡菜了，在每个家庭的每一餐都会有各种泡菜出现。泡菜材料主要是白菜（图 6-60）、萝卜、黄瓜等蔬菜，加入葱、姜、蒜、虾酱等调味品腌制而成。

### 2. 烧烤

韩国人爱吃牛肉、鸡肉和鱼，不喜欢吃羊肉、鸭子以及油腻的食物。韩国烧烤主要以烤牛肉（图6-61）为主，还有烤牛里脊、烤牛排、烤牛舌、烤牛腰子、烤海鲜、烤蔬菜等。吃烤肉时，韩国人一般会加上一些蒜片、青椒丝，用生菜包裹起来蘸酱汁吃。韩餐馆都非常重视原料的选择，不同的烧烤要用不同的汁。吃熏肉有蘸熏肉的汁，吃烤肉有蘸烤肉的汁。每种汁都是由十几种调料精心配制而成，有的甜中带酸，有的清新爽口，令人回味无穷。

图6-61　烤牛肉

### 3. 冷面

在享用烤牛肉等菜肴后，以冷面来取代白米饭是受欢迎的食用方式。冷面有悠久的历史，在18世纪的史料中就有这方面的记载。凡遇喜庆之事或有宾客来拜访，冷面都是主人用来招待客人的食品。冷面有水冷面（图6-62）和拌冷面（图6-63）等品种，其原料和辅料都很讲究。原料多是荞麦面、小麦面，也有用玉米面、高粱粉或白薯粉制作的。辅料种类多样，有牛肉、猪肉、鸡肉、蛋丝、芝麻、辣椒、苹果、苹果梨等，并以香油拌制。冷面的制作方式很特别，是用面粉调成面糊，轧成细条直接放在滚开

图6-62　水冷面

图6-63　拌冷面

的锅里，煮熟后捞上来，过冷水后盛在碗里，再加入其他料就可以吃了。

### 4. 石锅拌饭

石锅拌饭（图6-64）是韩国人非常喜爱的家常饭之一。各地区的韩国人就地取材，把当地的时蔬与米饭在石锅中加热后，在"嗞嗞"作响中，与生鸡蛋、辣椒酱拌在一起食用。

地道的石锅拌饭中的鸡蛋只煎熟一面，为了适应多数中国人不吃生鸡蛋的习惯，国内的很多韩餐馆已经将"鸡蛋两面都煎熟"变成了"默认程序"。如果你喜欢只煎一面的鸡蛋，最好事先向服务员声明。

### 5. 紫菜包饭

韩国的紫菜包饭（图6-65）是用紫菜将米饭和胡萝卜、黄瓜、腌萝卜、肉松、鸡蛋、青菜、海鲜、香肠等各种食材卷起来吃，不但外观漂亮，而且具有丰富的营养。韩国紫菜包饭中的米饭使用的调料一般是香油和盐。

图6-64　石锅拌饭

图6-65　紫菜包饭

### 6. 大酱汤

韩国人喜爱喝汤。汤是韩国人饮食中的重要组成部分，是就餐时不可缺少的。汤的种类很多，主要有大酱汤、狗肉汤等。大酱是韩国人非常喜欢的调味料，以大酱为主要材料，加上蔬菜、海鲜、豆腐等食材煮成的汤，是很有代表性的韩式美味佳肴。

## 二、餐桌摆设

韩餐传统的餐桌为四方桌或圆桌。按用餐人数摆为独桌、共餐桌、3人餐桌、4人餐桌；超过4人时，摆圆桌或四方形大餐桌。按韩国的传统，应该把食物和勺子、筷子一同摆在桌子上。

大多数韩餐厅在正式上菜之前，会先奉上四五碟小菜。传统韩餐一般是将准备好的菜一次全部上齐。

饭和清汤是每人一份，其他的菜大家共享（在传统韩国的大家庭里是以长辈为中心，餐具与饭桌均是以一人份为一单位，但现在的家庭多为核心家庭，变成了所有人围坐在一起）。饭放在左边，汤放在右边，勺子和筷子则放在汤的右边，筷子居于勺子的右侧，如图6-66所示。

炒菜、泡菜、汤、火锅等放在桌子的中央，大家一起吃。有大家一起吃的菜时，会给每个人都摆上一个小碟子（小盘子）。如有需要扔掉的鱼刺、骨头等，还会摆上专门放置食物垃圾的小碗或盘子。

图6-66 餐桌摆设

## 三、使用韩式餐具的礼仪

（1）韩国人平时使用的是不锈钢制的平尖头儿筷子和勺子。与上级（或长辈）一起用餐时，上级先动餐具后，下级才能动餐具。

（2）米饭和泡菜汤、酱汤等汤类用勺子吃，其他菜用筷子夹。即使汤碗中的菜用勺子捞不上来，也不能将筷子伸进汤碗里。

（3）不要把勺子和筷子搭放在碗上，直接放在桌子上即可。有筷架时可放在筷架上。

（4）不要将勺子和筷子同时抓在手里。使用筷子时，把勺子放在桌子上或筷架上；使用勺子时，把筷子放在桌上或筷架上。

（5）筷子是用来夹菜的，不要用筷子指指点点，也不要用筷子戳刺食物。

（6）菜上齐开始吃饭时，右手一定要先拿起勺子，用勺子先喝一口汤，再用勺子吃一口米饭，然后再喝一口汤、吃一口米饭之后，就可以随意吃其他食物了。

（7）韩国人通常不把碗端起来吃，也不能用嘴接触饭碗。吃饭时，左手不要上桌。饭店里的饭碗常用不锈钢制带盖子的碗，高级餐厅或家里可能用陶瓷饭碗。碗盖取下来之后放在桌子上，用勺子吃米饭，不要端起碗，也不要用手或嘴去碰触饭碗。

（8）用餐时不要让勺子、筷子、碗相互碰撞发出声音，嘴里也不要发出声音。

（9）不要用勺子和筷子翻腾饭菜，也不要挑出自己不吃的食物。

（10）用餐时，不要让食物粘在勺子和筷子上。

## 四、韩餐酒礼

韩国人经常喝的酒有烧酒、啤酒、洋酒、米酒四大类。韩国产的烧酒很受欢迎，其酒精度一般在20度左右。

（1）在酒席上按身份、地位和辈分高低斟酒，位高者先举杯，其他人依次跟随。尊者没有动酒杯时，千万不要先动酒杯。在酒席上，只有长辈举杯之后其余人才可以依次举杯。

（2）级别与辈分悬殊太大者不能同桌共饮。晚辈若被允许同长辈同席，不能正面对着长辈饮酒，须侧过身子饮酒，晚辈及女性应用手遮挡酒杯。

（3）传统观念是"右尊左卑"，因而用左手执杯或取酒被认为不礼貌。

（4）经允许，下级、晚辈可为上级、前辈斟酒。斟酒人右手握酒瓶，左手扶住右手手腕或右肘以示尊重，上前鞠躬、致词要以双手斟酒。

（5）身份高低不同者一起饮酒碰杯时，身份低者要将杯举得低，用杯沿碰对方的杯身，不能平碰，更不能将杯举得比对方高。

（6）尊者给自己斟酒时，要用双手拿杯一饮而尽。

（7）自己不能给自己斟酒，而是彼此斟酒。邻座酒杯一干，就再给他斟满。别人为你斟酒时，要举起你的酒杯。如果你不想再加酒，就在酒杯里留点儿酒。

（8）向别人敬酒时，应先将自己杯中的酒喝完，然后把空杯递给对方。对方接过杯子后，敬酒者再为对方斟满酒。被敬者一饮而尽后，把酒杯归还给敬酒者，然后为其斟满回敬。有时在酒席上，主人会拿着自己的酒杯，绕着桌子向客人一一敬酒。拒绝喝主人敬过来的酒是失礼的行为。拿自己的酒杯向别人敬酒是韩国人表达信任和友好的方式。

（9）女士可以给男士斟酒，但不可以给其他女士斟酒。

## 五、用餐过程中的礼仪

（1）韩国饭馆就餐分为两种方式：使用椅子和脱鞋上炕。在炕上吃饭时，男士盘腿而坐；女士穿韩服时使用"右膝支立"的坐法，不穿韩服时只要把双腿收拢在一起坐下即可（跪坐在自己的小腿上或跪地侧坐）。不要用手摸脚，也不要双腿叉开或伸直。

（2）韩式餐馆里，很多菜是以人／份为单位计价的。如四人份，意味着这道菜是按四个人的量准备的，收费时按单价的四倍收，在点菜时要注意。习惯上，在客人刚落座时摆上的小菜（图6-67）是免费的，并且可以要求添加。但在国内并不是每家餐馆都会这样做，点菜时可以先问问服务员。

（3）韩国人习惯吃饭前说"我会好好吃"，吃完饭说"我吃好了"。

（4）餐桌上的每样食物都应品尝一下，以示对主人的尊重。共享的食物要夹到各自的碟子（或碗）

图6-67　各式小菜

里后再吃，醋酱和辣酱也最好拨到自己的碟子里蘸着吃。

（5）吃烤肉时，要用右手将生菜包卷的烤肉一次性放入口中，同时用左手遮住嘴。晚辈及女性应侧过身，不能直接对着长辈把烤肉放入口中。

（6）用餐时，不能咽的骨头或鱼刺，要放在自己面前专放食物垃圾的小碗（或盘子）里，不要放在放置食物的碟子里。没有小碗（或盘子）时，可避开旁人，悄悄地包在餐巾纸里，不要扔在桌子上或地上。

（7）用餐时不要大声说话。

（8）吃东西或喝汤时不要发出声音。

（9）递调料或物品时要用右手，用左手交接物品是不礼貌的行为。递接长辈的物品时应用双手，表示尊敬。

（10）使用牙签时，用一只手遮掩着剔。

（11）用餐时若要咳嗽或打喷嚏，应把脸移开后用手或手绢捂着嘴，不能对着餐桌或其他人咳嗽、打喷嚏。

（12）长辈给晚辈添菜时，晚辈无论是否爱吃，都不能挡住碗拒绝，并且应稍稍起身（不用站起来）点头致谢。一般情况下，自己盘子里的菜和碗里的饭要吃完，不能剩下。若主人非常热情地添菜，第一碗饭要吃干净，第二碗以后的饭或菜可以剩下。

（13）用餐的速度不要太快，也不要太慢，要与别人保持同步。与尊长一起用餐时，要等尊长放下汤匙和筷子以后再放下。自己吃饱先离开是失礼的行为。

（14）吃完饭要将勺子和筷子放回原来的位置，用过的纸巾也要叠好放在桌上。

（15）在冷面店或排骨店用餐时，会使用剪面和肉的剪刀。在给其他人递剪刀时，一定不要将剪刀的尖端对着对方，而应当把剪刀的尖端朝向自己，把剪刀的手柄端朝向对方递过去。

（16）用餐后要对主人表示赞美。

## 习题

1．如果你从来都不吃辣椒，该如何应对韩餐的辣味?

2．吃韩餐饮酒时要注意哪些问题?

# ·第六节·
# 自助餐礼仪

　　自助餐是目前国际上通行的一种非正式的西式宴会，因其提供的食物以冷食为主，所以又被叫做冷餐会。自助餐在大型的商务活动中尤为多见。顾名思义，参加"自助餐"形式的宴会时，服务员提供的服务比较有限，取餐要靠自己亲自动手。中国人吃饭是离不开热菜的，所以国内的自助餐多数并不以冷食为主。

　　一般的自助餐上所供应的菜肴种类包括冷菜、热菜、汤、点心、甜品、水果以及酒水等。

　　正规的自助餐往往不固定用餐者的座次，有的甚至不为其提供座椅，这样便于用餐者自由交流。自助餐由于免去了高档的酒水和昂贵的菜肴，因此可以大大减少主办商务活动方的经费支出。而参加自助餐的人可以随意取用自己喜爱的菜肴，不像在正式宴会当中不喜欢的也要出于礼貌品尝一下。

　　由于自助餐属于一种非正式的宴会，所以通常在正式的商务接待活动中不单独选用这种形式。大部分自助餐都是穿插在正式的活动（比如会议）之中或之后，作为辅助的招待形式出现。以商务交流为目的的正式的商务宴请（尤其是除了宴请并无其他活动的时候）通常不选用自助餐这种形式。

　　自助餐的用餐形式比较随意，不像参加正式的宴会那样必须准时出席，在整个用餐的时间范围内大家都可以随到随吃。只要觉得自己已经吃好了，在与主人打过招呼之后便可退场。

尽管自助餐是一种非正式的宴会，但是仍然应当注意以下问题：

（1）排队取菜。自助餐的取菜顺序一般是按顺时针方向围着桌子取菜。但由于场地的实际布局有所不同，所以也会有大家逆时针排队取菜的情况。因此，进入场地之后，应当先观察一下，然后与大家同方向排队取菜。一般自助餐中菜的排列顺序依次是：冷菜、热菜、汤、点心、甜品和水果。不要直奔自己喜欢的菜而去，也不可以插队。遇到有熟人晚来时，也不要招呼对方来自己这里插队。

（2）取菜之前，要先拿一个取菜的盘子。轮到自己取菜时，应当用公用的餐具将食物放到自己的盘子上，不要把自己的餐具伸到公共的菜肴里，也不可以直接用手去抓食物。一般来说，每种菜都有专门配备的公用取菜餐具（图6-68），不要把它们搞混，以免菜肴串味。

自助餐餐台的热菜一般都有加热设施，旁边另备一个浅盘子放公用餐具，取餐时应用公用的勺子或者刀叉。注意盛完菜后，一定要将餐具放回附近的浅盘，以免餐具受热后烫到下一位用餐者的手。

取菜时，不要翻来翻去挑"大的"或"好的"，也不要犹犹豫豫耽误后面人的取食。食物一旦放到自己的盘子上，就不可以再放回公共的器皿里。

（3）吃自助餐的原则是允许多次取餐，但每次要少取一些。大部分人会取2～3次。不要因为自己感觉饿了，就把盘子里的食物堆得像小山一样（图6-69），结果却又发现根本吃不完，最后浪费掉；也不要因为害怕别人把好菜都取走而一下子取太多的食物。要记住，在商务活动中，"吃"本身不是我们的第一任务，在"吃"上表现得太贪婪，会使别人认为这个人占有欲强并且缺乏自制力。

图6-68　自助餐菜肴及公用餐具

图6-69　每次取食物量不宜多

（4）所有的自助餐都不允许就餐者将食物带走，即便是自己盘子里吃不完的东西也不允许带走。主办者并不会向就餐者强调这一规则，而是需要就餐者自觉遵守。如果明知这一规则却偷偷往外带，给别人的感觉则无异于小偷了。如果有同事因为特殊情况不能来吃，需要打包带出，则应该事先向主办者声明，经对方允许方可带出。不可无故要求主办方给自己打包外带，有时对方虽然出于礼貌满足了你的要求，但其内心却会对你产生不良印象。

（5）吃完后按要求送回餐具。自助餐的服务人员配备比较少，如果主办方在出口附近开辟了餐具回收区域，那么就必须将自己的餐具放到指定位置，然后才能离开。如果自助餐是在室外举行，尤其要注意主动收拾自己的餐具。如果餐具是由服务人员负责收拾，那么也应在离席之前稍加整理为好，不要留下一幅"杯盘狼藉"的景象，让人感觉不舒服。

（6）适当照顾他人。参加自助餐时，如果自己左右的同伴需要帮助，则应主动热情地提供帮助。但是，不要自作主张地为对方直接代取食物。假如你帮对方取的食物对方不爱吃，会让双方都感觉到尴尬。放在自己盘子里的食物也不可以再夹到别人盘子里。自己吃不完的食物不要请求他人帮助自己"处理"，当然，对方主动提出帮你"解决"的除外。

（7）在商务活动期间的自助餐当中，只顾自己埋头吃饭，不与其他人交流是不礼貌的。在这种场合中，人际交往要比吃饭本身更重要。如果注意力全部集中在饭菜上，则会给别人以"孤僻""傲慢""缺乏人际交往能力"等不良印象。主办人员、同事、客户都可以成为交谈的对象。如果邻座是陌生人，正好可以借此机会认识一下，积极地进行自我介绍并为别人做相互介绍。不要长时间与主人聊天，也不要仅和某些人聊天。

（8）有的自助餐是坐着用餐，如果中途有事要暂时离开，一定要把餐巾放在座位上或椅子的扶手上。如果把餐巾放在桌子上，服务员会认为你已用餐完毕。尽管人们不是同时开始用餐，你的用餐速度仍然应当尽量和别人保持同步，不要太快或太慢。

有的自助餐（如鸡尾酒会）是站着用餐。一般说来，站着用餐的自助餐宴会会场中椅子是很少的，在这种情况下不可以长时间占着椅子。要注意把椅子让给年长的或身体不方便的人，如果自己身强体壮就尽量不要坐。

站立时，可用一只手拿盘子或杯子，叉子压在拇指下。不要一只手拿盘子，一只手拿杯子，因为这样你就无法吃菜了。如果必须同时拿盘子和杯子，正确的做法是：用左手的拇指和食指拿盘，中指、无名指、小指与手掌握杯。这样，右手可以拿叉或勺子。如果把叉或勺子放在盘上用大拇指按住，还可以和别人握手。

（9）在自助餐上吸烟应当先征求旁边客人的同意。不要在人多的地方一边走动一边吸烟，也不要用餐盘代替烟灰缸。

（10）进入会场后至少要过半小时才可以离开，刚刚进来马上就走是不礼貌的。退席时可以不打招呼悄悄离开。如果打招呼的话要尽量简短，不要因为你的离去而影响宴会的气氛。

## 习题

1. 吃自助餐时，如何取菜？

2. 参加鸡尾酒会时餐具怎样拿才比较"高效"？拿一个杯子、一个盘子、一个叉子，实际练习一下。

# 第七章
## 商务往来礼仪

● 第一节 ●

# 商务交流礼仪

语言是人们与他人交流信息、沟通情感的重要媒介。中国有句俗语："良言一句三冬暖，恶语伤人六月寒。"商务人员在与交往对象进行沟通交流的过程中，要特别注意言谈礼仪。

## 一、礼貌倾听

有位哲人说过："自然赋予我们人类两只耳朵、一张嘴，就是让我们多听少说。"与人交谈，首先要学会倾听他人说话。

倾听过程可以分为三个阶段：信息接受阶段、信息内部处理阶段和反馈阶段。

（1）信息接受阶段：倾听者通过自己的感官接受对方的信息。此时，大家在用耳朵听对方说话声音的同时，常常还要用自己的眼睛接受对方的非语言信息。交谈的双方，时常会有目光交流。

（2）信息内部处理阶段：倾听者的大脑接受到耳朵与眼睛所获取的信息后，就要在自己的大脑中对这些信息进行加工处理。处理的结果是，倾听者对于说话者所发送的信息有了自己的理解。这个阶段，就是我们平时所强调的"用心"来倾听。如果听者用消极的态度来听，对于所接受的信息懒于进行加工整理，不愿意去思考、体会，那么就会漏掉或误解对方所要真正表达的信息。

（3）反馈阶段：礼貌的倾听者常常会以语言或非语言沟通途径来反馈自己对于所听信息的意见、态度、看法等。例如，微笑地看着对方，用眼神和表情表达赞许、同意、兴奋或鼓励对方说下去等；用"是啊""嗯""真的吗"等语言表达自己正在用耳倾听、用脑思考；用"我没有听懂你说的话""我很重视你所表达的意见"来表达自己的感受和态度等。

倾听的过程应当完整，才能使说话者感觉到被重视、被尊重。

倾听他人说话时，要注意与说话者保持礼貌的目光交流，用表情、手势等身体语言表现出专注的态度。倾听者可以用点头或摇头等身体语言表示同意、不理解等，同时配合语言（如"明白了""好""是啊"等）给予对方反馈，使交谈能够顺利地进行下去。在倾听的过程中，还可以用提问的方法促使说话者将信息表达得更加清晰、更加完整。

倾听他人说话时，不要使用消极的身体语言，如：眼睛始终不看对方，眼神飘忽不定或直勾勾地盯着对方，心不在焉地玩弄头发、钢笔等。另外，也不要随意用语言打断对方说话，或对方才刚刚说完，自己马上就把话题转到自己感兴趣的事情上。对方说话时，不要突然开始说无关的问题，也不要任意反驳、指责、挑毛病。这些做法都会使交谈无法顺利地进行下去。

## 二、礼貌表达

除了会"听"之外，我们还要会"说"。

讲话时，要注意使用礼貌的语言。商务人员最常使用的礼貌用语有："您好""请""对不起""谢谢""再见"。特殊的岗位还会有一些特殊的礼貌用语，商务人员一定要熟练掌握并灵活使用。

中国传统文化当中，比较忌讳对尊者直呼全名。商务人员应当视交往对象的身份以及场合的不同，选择礼貌的称谓语。称呼他人时，按性别可以称对方先生、女士；按职业可以称对方经理、老师、医生等；按学位、职称、职务则可以称对方博士、教授、院士、院长、主任等；按年龄也可以称老李、小张、大爷、大妈、叔叔、阿姨、小朋友等；对部队或机关退休的老同志可称老首长、老部长等。需要注意的是：商务人员在称呼客人时，使用"阿姨""大爷"等称谓，很容易拉近彼此的距离，能够使客人倍感亲切；但如果用"张姐""李哥"这样的称谓来称呼同事，却会削弱双方关系的正式感，给客人以"此单位不正规"的感觉。在工作场合，还忌讳以绰号等不礼貌的方式称呼他人。

商务人员在工作场合，应当注意恰当地使用一些约定俗成的、表示谦虚恭敬的词语，例如：客人到来说"光临"；起身作别说"告辞"；中途先走说"失陪"；请人勿送说"留步"；请人批评说"指教"；请人帮助说"劳驾"；托人办事说"拜托"；麻烦别人说"打扰"；求人谅解说"包涵"，等等。

讲话时要选择合适的话题，如双方商定的话题、必须传达给对方的话题等。进行闲聊式情感沟通时，还可以选择双方都感兴趣的话题、时尚休闲的话题等。讲话时，忌谈对方的个人隐私问题（如年龄、婚姻状况、收入支出、身体状况、家庭住址、私人电话、宗教信仰等），也不要议论他人的缺点、错误、竞争对手的劣势、单位团体中的是是非非、小道消息等。更不应谈论具有倾向性错误的内容，如违反道德法律、具有思想政治错误、非议党和政府及领导人的话题等。令对方感到悲伤难过、反感、厌恶的话题也应避免。

讲话时，内容简明扼要、重点突出，语言组织要有逻辑性，不要废话连篇、东拉西扯，让听者感到"不知所云"。讲话的过程中要注意观察听者的反应，对方不感兴趣或反感时要适可而止；对方听不懂时则要耐心解释，或者换其他方式再讲。

听别人讲话时，我们要使用礼貌的身体语言表达对对方的尊重；我们自己讲话时，同样要使用恰当的身体语言。

讲话时，眼睛要适时地与听者进行目光交流。听者人数不止一个时，不能始终只看着其中一个人说话，而应当与所有人轮流进行目光交流。

商务人员在工作场合讲话时，要注意保持端庄、稳重的仪态，不要用手指指向他人，也不要歪斜倚靠或做一些无意识的小动作，如频繁地摸鼻子、转笔、抖腿、神经质地连续敲桌子或椅子等。

表情要与讲话内容相协调，音量要适宜，发音要清楚。语音、语速、语气要恰当，要能随着交谈内容的变化而变化。

　　商务人员在交谈时，还要注意合理地控制交谈时间，要结合交谈内容合理安排与调整时间。交谈前如与他人事先已经约定好起止时间，则应严格遵守，不要拖延、浪费他人时间。

## 习题

　　1. 倾听他人说话时，应当注意哪些细节？

　　2. 商务人员在工作场合，不适宜谈论哪些话题？

# 商务接待礼仪

商务人员在日常工作当中，需要接待来自各方的客人。日常接待工作看似简单，却会给客人留下各种不同的印象——对公司的印象、对部门工作的印象、对公司员工素质的印象等。这些印象的好坏，直接关系到公司事业的成功与否。亲切微笑、热诚迅速、细致周到是接待工作是否成功的衡量标准。

## 一、前台工作人员接待礼仪要点

很多公司在入口处设有前台，由前台的工作人员专门负责接待来访的客人。前台是公司的"门面"，前台的工作质量对公司形象起着至关重要的作用。因此，前台工作人员应当注意以下礼仪要点，并将这些要点作为行为准则去认真遵守。

（1）衣着以保守为宜。如果公司有制服，则一定要穿公司的制服。如果没有统一的制服，那么男士应当穿西服套装，女士通常要求穿西服套裙，西服套裤次之。即使公司员工普遍不穿正装，前台接待也应当着正装，以表示对访客的尊重，并且给对方留下管理有序的职业化印象。

（2）发型应整齐、清洁、保守，女士应当化淡妆。绝对不可以在工作场所整理头发或补妆。如果来客看到接待人员正在对着镜子涂脂抹粉，对公司的印象就会大打折扣。

（3）不宜过多佩戴珠宝首饰；所戴饰品应避免叮当作响、夸张招摇。

（4）站姿、坐姿要端正。不可摇摆身体，不可倚傍墙、柜而立或蹲在地上，不可歪头歪身及扮鬼脸、做怪动作、挖鼻孔、抠耳朵。

（5）有客人来访时要立刻站起来，脸部和上身的正面要正对对方，保持目光交流并真诚微笑，同时询问："您好！请问您找哪一位？"然后以电话告知当事人有客来访，打电话的时候声音要愉悦。无论是接待高级管理人员，还是一般职员或是员工家属及亲戚朋友，接待的态度都应该彬彬有礼，不能因访客阶层、身份的不同而有所差别。

（6）不能在座位上吃东西、嚼口香糖或喝饮料。

（7）不要在座位上看书报杂志。如果要看，最好把杂志或书放在膝上阅读，而且只能在没有任何人来访时才可以。一旦有人在前台附近出现，就要立刻收起书报杂志并将其放在隐蔽处，迅速站起身来微笑应对。

（8）手与指甲必须随时保持整洁。绝对不能在工作岗位上修剪指甲。

（9）如果前台工作人员正在打电话，而此时有客人正朝前台走来，那么工作人员应当立即告知通话对方"对不起，有客人来访，我过会儿再给您打过去"，将电话挂断后，站起来微笑，正面面对访客开始接待工作。如果这个电话非常重要，必须先说完，那么应当先暂停通话并微笑着对访客说"对不起，请您稍等"，然后尽快结束通话开始接待工作。打电话的过程中也不应背对来客，否则会给访客留下拒人于千里之外的印象。

（10）客人要找的负责人不在时，要明确告诉对方负责人到何处去了以及何时回本单位。请客人留下电话、地址，明确是由客人再次来访，还是由本单位负责人回访。

（11）客人到来时，如果拜访对象由于种种原因不能马上接见，要向客人说明等待理由与等待时间，并请客人在会客区等待。会客区应设置访客专用的座席并随时保持会客区域的整齐清洁，同时还要在附近放置公司的一些参阅资料，如产品目录、年报等刊物。如果需要客人在会客区坐下等待，那么应当立刻给客人端上茶水饮料。

（12）如果客人等了很久仍未获接见，则应主动打电话查明究竟是怎么回事，并且向客人说明。不能长时间让客人"坐冷板凳"。

（13）一律以客人的姓氏称呼对方，以显示对来者的尊重。

（14）随时更新公司的职员名册，以便掌握公司所有人员正确的姓名、职务及所在的部门、电话号码等基本信息。清楚了解公司高级经理人员的头衔、主管工作范围以及他们在公司的位置，以便能够正确回应访客的各项询问。

（15）保证待客物品（例如供客人使用的电话、水杯、置物架、雨伞架、签名簿等）配备齐全。

（16）如有不速之客登门拜访，应当先请对方报上姓名、单位、来访目的等基本资料后，再去请示对方求见之人，由当事人自己决定见还是不见。对于不速之客要多多"请示"，尽量不要擅做主张让其"见"或"不见"。

前台接待员可按下表对自己进行自检。

## 接待员礼仪自检表

| 自检项目 | 好 的 表 现 | 差 的 表 现 |
| --- | --- | --- |
| 仪容仪表 | （1）干净清洁<br>（2）衣装整齐<br>（3）发型整洁<br>（4）谨慎使用少量香水<br>（5）制服，严肃的职业装<br>（6）女士化淡妆 | （1）脏乱<br>（2）衣衫不整<br>（3）头发蓬松散乱<br>（4）过量使用香水<br>（5）袒胸露背、性感休闲装<br>（6）女士浓妆艳抹 |
| 待客态度 | （1）微笑，热情开朗<br>（2）目光有神，机敏灵活<br>（3）真诚<br>（4）礼貌<br>（5）语调亲切热情 | （1）愁眉苦脸、厌恶、不屑一顾的表情<br>（2）目光呆滞，懒散笨拙<br>（3）油滑、撒谎<br>（4）傲慢<br>（5）语调冰冷生硬 |
| 行为表现 | （1）问候、致谢<br>（2）专心待客，把客人当成最重要的人<br>（3）明确说明，灵活应对<br>（4）耐心解答客人的所有问题<br>（5）站在客人的立场思考问题<br>（6）对业务了如指掌 | （1）对于客人的到来与离开无任何反应<br>（2）只顾做自己的事情或与同事说话，冷落客人<br>（3）言辞含糊，缺乏自信<br>（4）怕麻烦，不耐烦，对客人发火<br>（5）不在乎客人的感受，只图自己方便<br>（6）一问三不知 |

## 二、商务人员日常办公室接待工作

### 1. 接待工作步骤

对于一般的商务人员来说，日常办公室接待工作包括四个步骤，即：

（1）恭候迎接——一般客人由公司专职接待人员安排接待，重要客人则由专门人员在公司大门外迎接。商务人员在本公司接待访客时应注意提前通知入口处的接待人员，以免发生"挡驾"事件，给访客造成不便。

（2）敬茶介绍——待客不可无茶。客人坐下后应马上倒茶（或水、饮料等），否则即表现为缺乏待客诚意。如果客人要找的人不在，可以让客人留下必要的信息。如需客人短时间等候，需告知理由及等候时间。等候的过程中应提供饮料、杂志等供客人打发时间。

（3）安排活动——对于预约来访的客人，应提前安排一些接待活动，例如观看介绍公司业务的录像、参观某些部门等。当客人参观到某部门时，该部门工作人员应当立刻起立迎接，不可坐在办公桌前毫无反应。

（4）送客告别——接待工作应当有始有终，客人离开时应当送客。重要客人需要送至大门口，直到确认其不会再回头方可返回办公室。比较熟悉的客人可以只送到办公室门口，但切记不可在客人刚刚走出门外时便"嘭"的一声把门重重地关上，那样会使前面热情的接待工作前功尽弃。客人会觉得像被泼了一盆冷水，有被赶出门外之感。

### 2. 接待时的礼貌用语

在接待过程中，应该经常使用以下礼貌用语：

"您好！"

"欢迎光临！"

"请坐！"

"请您稍等。"

"对不起，让您久等了。"

"非常抱歉！"

"好的，我知道了。您的意思是……（重复要点），是这样吗？"

"请您原谅！"

"承蒙您的惠顾（关照），非常感谢！"

"谢谢您！"

"欢迎再次光临！"

### 3. 初次见面忌问的问题

在接待客人的过程中，难免要与客人交谈，先思后言、言而有据、随机应变、有幽默感等都是成功的谈话所不能缺少的技巧。从礼仪的角度来说，在与不太熟悉的客人交谈时，应当避免询问以下问题：

（1）"您多大了？"——这个问题对于人寿保险销售员来说是一个必须要问的问题，因为保费与客人的年龄有密切关系，客人对此是可以理解的。但对于一般商务人员来说，不可以随便问客人的年龄，尤其对女士来说，年龄属于个人隐私，与其他人、其他事无关，轻易询问容易导致客人反感。当然，随着我们与客人关系的进一步深化，客人可能并不介意你询问他（她）的年龄。随着对象、场合的不同，谈话的内容、深度等是因人而异、因时而异、因事而异的。

（2）"您每月挣多少钱？"——除了无记名式的问卷，或客户愿意填写的记名式调查问卷，其他时候不可随便询问客人的收入，否则客人会心生疑惑甚至反感，对你的工作极为不利。

（3）"您结婚了吗？"——婚姻情况属于客人的个人隐私，如果你很想知道这个问题的答案，最好从其他渠道间接获得，而不要冒失地直接询问对方。可能对方尽管看上去年纪很大但是还没有结婚，也可能看上去很小但孩子已经会打酱油了。如果这个问题与工作有关，客人一般会主动告诉你；反之，如果客人不告诉你，必然是他（她）不想让你知道，就不要问了。

（4）"您住在哪里？"——对于交往不深的人不可以随意询问住址。在对方对你还不信任的时候，如果询问对方的家庭住址、家庭电话，会导致对方本能的自我保护反应——远离询问者。

（5）"您信仰什么？"——宗教、信仰等属个人观点，不宜作为公开讨论的话题。

（6）"您这条领带什么牌子、多少钱买的？"——除非是非常要好的朋友，否则不宜询问对方拥有的物品的价钱。很多人认为这是一个"私人"问题，因为物品的价钱能够反映出拥有者的经济实力，而大多数人并不想把自己的经济状况展示给别人。

（7）"您为什么不要孩子？"——这个问题同样涉及个人隐私，不管答案是什么，通常与你无关。

（8）"您家房子有多少平方米？"——房子的面积通常与财富地位有关，如果你对于客户现有住房面积非常关心，很容易引起对方反感。

### 4. 以礼相待

对方在你的"地盘"里，一定要以礼相待。

接待客人时，如果与客人持不同观点时千万不要急于争论。争论可能会使你"赢了辩论，失了生意"。首先要从客人的角度去体验他（她）的实际感受，在理解的基础上达成共识。争论很容易演变成针对个人的攻击，相互伤害双方的自尊心，导致最终的错误结局。

在交谈的过程中应注意不要轻易打断客人，并且认真倾听，理解客人想要表达的意思。认真的倾听能够使客人知道你对他（她）很尊重，你认为他（她）的意见很重要。保持与客人的目光接触，以非威胁性的身体语言表明你对客人的赞同。

要平静地说话，不要激动地高声叫喊。

## 三、接待远道而来的客人

中国有句老话说："有朋自远方来不亦乐乎。"有一位女士，她的一次经历却是让她无论如何也乐不起来，请听她的自述：

"有一次我的老板让我负责接待一位外地来的客人。她是第一次来北京。老板并没有告诉我客人将于5月6日晚上到北京，而且也没有把我的手机号码告诉对方。（实际上，我应当主动与那位女士联系！）客人到达北京后，没有人去接她，当时天已经黑了，公司电话也打不通，她只好乘坐出租车来公司。不巧的是，出租车在从首都机场进京的高速公路上出了故障，花了很长时间才修好。那位女士因为是第一次来北京，用她自己的话讲——'那是个令我感到紧张的夜晚'。好不容易到了公司，门卫才帮助她找到我。不难想象，这次失败的接待工作成为最终没有谈成生意的原因之一。"

接待工作是商务交往中的一件大事，接待工作的成败直接影响企业在客人心目中的形象。尤其是在接待远道而来的客人时，务必要做到严谨、周到、热情、细致，这样才能增强客人与我们合作的信心，从而促进双方业务的发展。

在接待远道而来的客人时，应当做到：

（1）提前将客人的详细情况了解清楚，如：人数、姓名、性别、职位、爱好、宗教或饮食禁忌、到达航班、车次、返程时间、联系方法等。

（2）搞清客人来访的目的、性质，针对具体情况制订接待方案。所选择的接待活动项目应在一定程度上与业务范围相关。由负责接待的人员安排接待日程，事先拟订出各个项目陪同人员的名单，并提前通知整个接待过程中可能涉及的所有人员做好准备。

（3）做好接待前期工作：安排接送人员及交通工具，安排食宿、会客区物品准备（包括鲜花、茶具等）。商务接待住宿要根据客人的身份、人数、性别、年龄、身体状况、生活习惯和工作需要来酌情安排。选择宾馆要根据接待经费预算、宾馆实际接待能力、服务质量、周边环境、交通状况、安全条件等因素来综合考虑，客人基本生活需要的空调、热水、卫生间、电话、电视、娱乐、购物及办公、会议设施要尽量完备。如果客人要进行参观学习，则应根据对方的要求，事先安排好参观点，并通知有关部门或单位准备汇报材料，组织好有关情况介绍、现场操作和表演、产品或样品陈列等各项准备工作。除了给客人安排商务活动之外，还要按照领导指示，根据客人的喜好安排游览风景区和名胜古迹，在条件许可的情况下，应当为来宾安排一些必要的文化娱乐活动和体育活动，如观看电影、地方戏剧、晚会、参观展览、观看体育比赛、参加健身运动等。

（4）根据来宾的身份和抵达的日期、地点，安排有关领导或工作人员到车站、机场、码头迎接。前往迎接之前，接待人员应当先准备好写有"欢迎 ××"的接站牌（牌子要正规、整洁，字迹要大而清晰。如果条件允许尽量不要用白纸写黑字），在迎接的时候由接待人员拿着，使客人容易在人群中找到接自己的人。这一点对于迎接初次见面的客人尤其重要。如果迎接大批客人，还可以使用横幅。接客人的人应提前到达接客地点，恭候客人的到来，绝不能因迟到而让客人久等。客人到站后如果迟迟不见来接之人，对所拜访的公司一定会产生不良的印象。

接到客人后，应首先问候"您旅途辛苦了""欢迎您来到××""欢迎您来到我们公司"等，然后向对方做自我介绍。如果有名片，可送予客人，以便客人联系之用。在走出迎接地点时，接待人员应主动为来宾拎拿行李。但是，来宾手中的外套、小的手提包或密码箱则不可为之代劳。

（5）客人入住宾馆的时候，接待者应当帮助客人办理好一切手续并将客人领进房间，同时向客人介绍住处的服务、设施，并把准备好的地图或旅游图、名胜古迹的介绍材料等交给客人。考虑到客人旅途劳累，接待者不宜久留，应当让客人早些休息。离开时将下次联系的时间、地点、方式等告诉客人，并与客人再次协商日程安排，询问客人的返程时间及所选择的交通工具，以便安排预订返程票。回到公司后，接待者应当把新确定的日程安排及时传达给所有的相关人员。

（6）客人如有重要身份，或活动具有重要意义，则应通知有关新闻单位派人进行采访、报道。接待负责人应当向媒体介绍情况，安排采访对象谈话，并按照领导要求对稿件进行把关。

（7）客人离去时，应当安排有关领导或工作人员到客人住处或车站、码头、机场为客人送行。

### 习题

**一、判断正误并简述理由**

接待远道而来的重要客人，要制订完备的接待方案。

**二、简答题**

1. 公司接待员应遵循哪些行为准则？

2. 如何做好日常办公室接待工作？

## 三、练习

假设即将有远道而来的重要客人拜访你所在的销售部门。请你针对贵公司的实际情况，制订一个完备的接待方案（请先虚拟出客人的背景资料）。

## • 第三节 •
# 商务拜访礼仪

　　商务人员在日常工作中需要广泛开展同客户的业务联系，除了商务接待以外，也免不了经常要进行商务拜访。商务拜访是商务人员联络业务、沟通感情的重要方式之一。拜访工作要想取得好的效果，应当注意以下几点：

### 一、事先预约

　　事先预约的商务拜访可以使拜访对象有所准备，不至于被搞得措手不及，也可提高拜访的成功率，避免空跑或久等（当然，如果拜访对象因为某种原因有意躲着你，那就需要根据具体情况分析判断了）。

　　使用电话进行预约时，要自报家门，并询问被访者是否在单位，是否有时间或何时有时间。电话中要提出访问的内容，使对方有所准备，在对方同意的情况下确定具体的时间、地点。

　　需要注意的是，打电话要避开吃饭和休息时间（特别是午睡的时间）、节日、假日、一天当中过早或过晚的时间及其他一切对方可能不方便的时间。

## 二、拜访前做好充分准备

### 1. 明确拜访的目的和任务

商务拜访不同于社交拜访，闲来无事找朋友聊天打发时间并不属于商务拜访的范畴。进行商务拜访之前，拜访者应当明确拜访的目的和任务以及采用何种方式、方法完成拜访任务。

如果与对方已经约定好时间和地点，那么一定要事先对于约会地点的交通道路、周边环境有比较充分的了解，千万不要到临出发时才发现必须要找份地图查查那个"××大厦"到底在哪个区的哪条路上。

### 2. 形象准备

商务拜访之前，应当对着一面大镜子仔细检查自己的形象——服装是否适合拜访的场合，头发、指甲等是否整洁、卫生，纽扣、拉链是否处置妥当，装饰是否符合自己的身份。

建议你在检查完服装后，不要忘记检查自己的表情。如果感到有些紧张，对着镜子里的自己扮个笑脸不失为一个好办法。日本人物评论家伊藤肇先生所著《经营学》中讲过这样一个小故事：

"我去访问一家著名企业的董事长时，到了约定时间，秘书小姐到会客室告诉我，董事长请我再等5分钟。5分钟后，董事长出现，立刻向我道歉说：'刚才我参加了一个很重要的会议，脸上可能带着很严肃的表情，如果我摆出这副面孔和你见面，你一定会认为我是个很难相处的人。为了恢复我的心情和表情，让你多等了5分钟，实在很抱歉……'"

### 3. 资料准备

进行商务拜访时，一定要尽量带齐资料。人们在做决定时，往往以收集到的信息及信息的出处作为判断的依据。例如，销售员在向客户介绍商品时，如果能够把自己的产品和竞争对手的同类产品的说明书作为"眼见为实"的信息摆在客户面前，就能够大大提高说话的可信度。另外，备齐资料随时翻阅还可以缓解谈话中断时的尴尬。可准备的资料有：

（1）公司宣传目录、宣传杂志；

（2）产品价目表、产品说明书、其他公司同类产品说明书及数据对比资料；

（3）单位介绍信、本人证件、客户名录及客户意见记录本、照片集；

（4）样品、赠品、小礼品；

（5）订货单。

## 三、拜访过程中的礼仪

（1）拜访者应当按照约定时间准时到达会面地点。如果因为特殊情况不能准时到达，应当至少提前15分钟告知对方不能准时的原因并对到达时间做出预测。实在无法提前通知而迟到时，应当诚心诚意地道歉，并询问自己的过失是否会影响对方的计划、如何进行补救等。不要不道歉反而急于摆出一大堆理由为自己辩解，这样容易引起对方反感。

预约好的拜访也不可到达太早，否则很可能对方还没有处理完其他事情，这样你对他（她）便构成了干扰，同样也是失礼的。

拜访外国人时，切勿未经约定便不邀而至，并尽量避免前往其私人居所进行拜访。

（2）拜访过程要有礼貌，比如进出大门时如果服务员或接待员向你问候，你也应当有所表示，不可无动于衷、不理不睬。遵守对方的各项制度，比如不在禁烟处吸烟等。如果约见地点设有前台接待，那么到达后应该主动告诉接待员你的名字、拜访对象的名字和约见的时间，并递上你的名片，以便接待员能通知对方。

（3）如果接待者因故不能马上接待，可以在接待人员的安排下，在会客厅、会议室或前台安静地等候。不要通过谈话来消磨时间，这样会打扰别人的工作。如果接待人员没有说"请随便参观"之类的话，就不要随便地东张西望，也不要好奇地向各个房间里窥探。

（4）如果等待时间过久，可以向有关人员说明并另定时间。不要显现出不耐烦的样子，更不能对接待员发脾气。

（5）进门之前，要先按门铃或敲门。

敲门以三下为宜，声音有节奏但不要过重。敲过三下之后，静待回音。等待大约 10 秒钟之后，如无应声，可稍加力度再敲三下；如有应声，则侧身立于右门框一侧，待门开时再向左前方迈半步，与主人相对。即使对方办公室的门虚掩着或开着，只要对方没有看见你站在门口，就应当先敲门，得到主人的允许才能进入。敲门的意思是询问主人"我可以进来吗"，也可以表示敲门者正在礼貌地通知对方"我要进来了"。

如果对方的门外安装了门铃，那么就应该礼貌地按门铃。先轻轻地按一下，隔一会儿再按一下。千万别性急，"叮叮当当"地乱按一气，这会让室内的人产生烦躁的感觉。

（6）主人不让座不能随便坐下，要等主人安排指点后坐下。如果主人是年长者或上级，主人不坐，客人不能先坐。主人让座之后，要说"谢谢"，然后采用正式的坐姿坐下。

主人递茶要双手接过并表示谢意。如果主人没有吸烟的习惯，要克制自己的烟瘾，尽量不吸，以示对主人习惯的尊重。主人奉上果品，要等年长者或其他客人动手后，自己再取用。

后来的客人到达时，先到的客人应该站起来，等待介绍。

（7）即使和接待者的意见不一致，也不要争论不休。对接待人员提供的帮助要礼貌地致以谢意。

（8）商务拜访一般都是业务性拜访，应当掌握时机，适时告辞。不要因为自己停留的时间过长而打乱对方既定的其他日程，影响对方工作。与对方交谈时，如果对方频频看表，就表示对方想终止这次会谈，应当主动起身告辞。这样能够给对方留下良好的印象。一次，有位经理想结束会谈，故意问客人："几点了？"由于这位客人没有听懂经理的言外之意，所以老老实实回答"六点了"，弄得经理很尴尬。有些重要的拜访，往往需由宾主双方提前议定拜访的时间和长度。在这种情况下，务必要严守约定，绝不单方面延长拜访时间。自己适时提出告辞时，尽管主人可能表示挽留，但仍然应当执意离去，同时向对方道谢，并请主人留步，不必远送。

在拜访期间，若遇到其他重要的客人来访，应知趣地告退。

（9）告辞时，要同主人和其他客人一一告别，并使用"打扰您了""谢谢""再见"等礼貌用语。

（10）如果需要再次拜访，可以在结束此次拜访时，约定下次拜访的内容和时间。

需注意：拜访结束之后，对于拜访过程中发现的问题，应尽早向领导汇报，以便及时解决。对于对方的热情接待，应在适当的时间，以适当的方式向对方表示感谢。

## ❓ 习题

### 一、判断正误并简述理由

1. 约定好了拜访客户的时间，不能迟到，而且到得越早越好。

2. 拜访客户的过程中感到与客户非常"投缘"，虽然很想继续聊下去，但是为了不打扰客户，还是应当按照事先约定的时间起身告辞。

### 二、简答题

1. 拜访客户之前应当做好哪些准备？

2. 在拜访的过程中应当注意哪些问题？

### 三、练习

假如明天你要拜访一位非常重要的客户，列出你需要做哪些形象准备和资料准备工作。

<br>
<br>

### ·第四节·

# 商务会议礼仪

会议是商务活动的重要组成部分。商务人员需要组织或参与的会议很多，有时是与本单位其他成员进行内部沟通，有时是组织一场产品推广会。不论是哪种会议，作为会议的组织者或参与者，如果大家遵循一定的礼仪原则，就能够大大提高会议的效率和效果。

## 一、会议组织者应遵循的礼仪原则

### 1. 确定会议的议题、时间、地点及要求

会议的组织者从一开始就应当明确会议的目的，假如有些问题没有必要通过开会来解决，就不要开会；假如有些事情不需要一定通过会议传达，就应当考虑通过其他方式来传达，这样可以节约会议的人力成本和时间成本。

### 2. 确定会议的议程并告知与会者

会议的目的明确之后，应当进一步确定会议议程，即会议要开多长时间、哪段时间由哪些人参与讨论哪些问题。这样便于那些很忙的人确定是否可以只参加会议的某一部分。要及时将会议的议题、时间、地点通知会议的参与者，同时告知会前的准备要求（如所需资料要求、与会者形象要求等），并确保与议题有关的重要人员能够参会。

### 3. 提供完善的会议场所并准备会议用品

会议场所并不能决定会议的成败，但确实会对会议产生积极的或消极的影响。选择会议场所时，应当考虑出席会议人员的身份、人数，提前布置会场。会场的大小应当与参加人数相符，不要过于拥挤或空空荡荡。大型会议还要保证有足够的停车场。如果开会时间较长，则应当提供足够的、舒适的座椅。会场应当保持通风良好、温度适宜、光线适度。发言者所需设备（如扩音器、投影仪）应当处于正常工作状态，保证所有与会者都能听清楚、看清楚。长时间的会议应当提供饮用水，洗手间位置应当显著标明。为与会者提供足够的会议资料，在产品推广会上可以提供印有公司名称、地址的宣传性纸和笔等。

人数较少的会议在安排座位时，应当使相邻的就座者保持一臂长的距离，并确保所有的参会者都能相互看到。

### 4. 准时开会

会议应当尽量准时开始，否则会引起按时到会者的不满。如果因为重要的人尚未到场而不能讨论重要问题，那么会议的组织者应当随机应变，临时安排调整其他项目。

重要的会议应当在开始前提醒大家关闭手机。

## 二、会议座次安排

### 1. 大型会议主席台座次

大型会议主席台座次排列常见以下几种排序方法。

（1）按照中国传统惯例，"居中为上，左高右低"，座次排列如图 7-1 所示。

（2）按照国际惯例，"居中为上，右高左低"，座次排列如图 7-2 所示。

（3）参考中国传统"左高右低"的原则，再考虑到领导之间的相对位置，采用"左膀右臂"法，座次排列如图 7-3 所示。

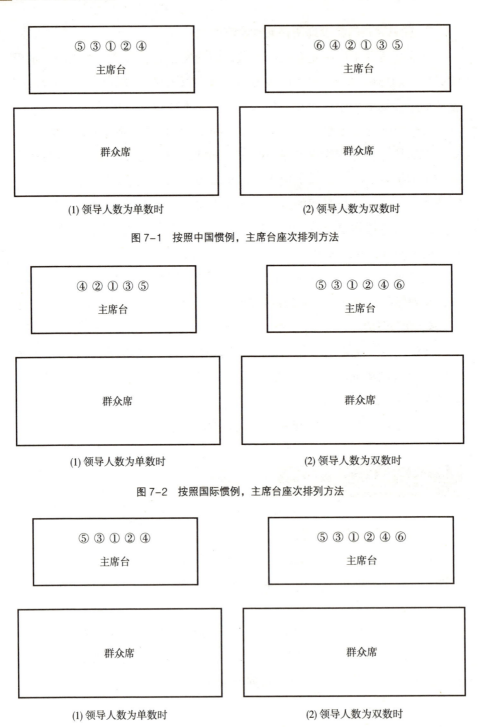

(1) 领导人数为单数时　　　　　　(2) 领导人数为双数时

图 7-1　按照中国惯例，主席台座次排列方法

(1) 领导人数为单数时　　　　　　(2) 领导人数为双数时

图 7-2　按照国际惯例，主席台座次排列方法

(1) 领导人数为单数时　　　　　　(2) 领导人数为双数时

图 7-3　"左膀右臂"法，主席台座次排列方法

完全按照"右为上"或"左为上"的原则排序，在主席台人数为单数或双数时，2 号领导会分别位于 1 号领导的右、左或左、右。采用"左膀右臂"排序法时，无论领导人数是单数还是双数，2 号领导始终位于 1 号领导的左边（左膀），3 号领导始终位于 1 号领导的右边（右臂）。

主席台座位为两排以上时，遵循"前排高于后排、中央高于两侧"的原则。群众席的座次排列，以面对主席台为准，前排高于后排。

### 2. 小型分议、商务会谈的座次

小型会议以及商务会谈的座次排序，一般遵循以下原则：

（1）面门为上。面对门的座位，排序高于背对门的座位。

（2）居中为上。居于中央的座位，排序高于两侧的座位。

（3）遵循中国传统惯例，以左为上。以居中座位面门的方向为准，左侧座位的排序高于右侧座位的排序。有外宾参加的会议，通常遵循国际惯例，以右为上，即以居中座位面门的方向为准，右侧座位的排序高于左侧座位的排序。无外宾参加的会议，也可按照"左膀右臂"法排列，即 2 号领导始终在 1 号领导的左手边。

（4）远门为上。距离门远的座位，排序高于距离门近的座位。

（5）依景或观景为上，即背依会议室内的字画、装饰墙的座位为上座，或面对优美风景、讲台、屏幕等重要景致的座位为上座。

具体安排座位时，还需要根据场地的具体情况做综合考虑。

## 习题

**一、判断正误并简述理由**

1. 会议的组织者应当提前确定会议的议题、时间、地点、议程、要求，并将这些信息提前告知与会者。

2. 如果不打算在会议上发言，穿什么衣服都无所谓。

**二、简答题**

1. 作为会议的组织者，在会议之前应当做好哪些准备？

2. 作为会议的参加者，应当遵循哪些礼仪原则？

### 三、练习

1. 下个月的 5 号你所在的部门要召开一次有关新产品的研讨会，部门经理让你负责这次会议的筹备工作。请制订出一份详细的工作计划。

2. 后天上午 9 点你要去本市最大的宾馆参加一个行业高新技术产品信息交流会。这次会议对你和公司来说都非常重要，你将要在会议上介绍公司的拳头产品。请制订出你的详细计划。

# 第八章
## 仪式的礼仪

　　仪式，是在一定场合举行的、具有专门程序及规范化的活动。

　　随着商务交往活动的日益频繁，随着国际交流质量的高要求不断增加，仪式活动也随之增加并追求质量及意义。

　　在这一章中，我们将共同分享仪式的特点及意义，还包括签约仪式、剪彩仪式等。

# · 第一节 ·

# 仪式的特点及意义

仪式的特点及意义可以从不同的角度进行分享。现在，让我们由仪式的场域、程序、道义和体验这四个方面进行分享。

## 一、仪式的场域及意义

2008 年北京第 29 届奥运会，离我们现在已有十余年了。但是，大家对这一盛会印象十分深刻，尤其是颁奖仪式这一环节。

提起奥运会中的颁奖仪式，大家的脑海中会浮现出颁奖现场的环境布置、颁奖音乐、运动员登台领奖以及升国旗、唱国歌等。我们将组成颁奖仪式现场的所有元素统称为"场域"。

场域具有什么意义呢？比如：场域中的国旗这一元素，我们知道：五星红旗上有一颗大五角星和四颗小五角星，这五颗星象征着中国共产党领导全国人民的团结一致；四颗小五角星各有一个角指向大五角星的中心，这表达着各族人民对中国共产党的拥护和爱戴。所以，仪式的第一个特点及意义是由场域所带来的象征性意义。

所以，每当有仪式活动时，企事业单位负责组织策划的相关人员，均会将仪式现场的布置作为重要内容。

## 二、仪式的程序及意义

奥运颁奖仪式的程序是（图 8-1）：

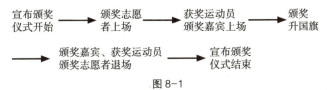

图 8-1

在仪式进行的过程中，现场要井然有序，参与颁奖仪式的所有人在行为、服饰及注意力、情感等方方面面要与仪式的进行保持一致。

所以，仪式的程序具有规范和教育意义。

## 三、仪式的道义及意义

在仪式进行中，现场所有参与人员，为什么会这么配合？为什么现场氛围这样和谐？

让我们想象一下，当自己在家里独处时，我们会是什么状态？

我们会因没有什么顾忌而安排好自己就够了。没有必要穿正装，没有必要注意体态规范，更没有必要化妆。

其中的原因很简单，这是因为大家将"我"转化为了"我们"。

一个人，因能为他人和团队利益考虑而变得高尚，这就是仪式的第三个特点及意义——道义。这也是举行仪式的真正价值。

仪式的道义存在于方方面面，不仅仅是由我到我们的转变，还体现在由热爱自己到热爱集体的转变，由关心自己到关心他人的转变，这些都是仪式的社会转化性意义。

## 四、仪式的体验及意义

在颁奖仪式进行中，我们会陪着获奖运动员落泪，我们会和获奖运动员有同样的情绪体验。

那么，我们为什么会有这样的表现？为什么会有情感冲击？是因为我们身临其境，体验到了这种情感，这就是仪式的第四个特点及意义，因为体验而感受到的情感冲击。

至此，我们由奥运颁奖仪式引出了仪式的四个特点及意义：象征性意义、规范及塑造的意义、社会转化性意义、情感冲击意义。因为仪式有场域、程序、道义以及体验的特点，所以，具有这种仪式感的活动会使大家体会到生命的意义，会让我们热爱自己、热爱他人、热爱工作、热爱生活，珍惜当下的每一分、每一秒。

## 习题

生活和工作均需要仪式感。请思考：我们做些什么会使生活和工作具有仪式感？

## · 第二节 ·
# 签约仪式礼仪

在商务交往中，如果双方或多方形成重大项目合作约定，均会举行签约仪式。这是双方的承诺，也是一种责任担当。

## 一、签字仪式的准备

一般情况下，双方或多方参加合作运筹或谈判的主要人员都要出席签约仪式。签约之前，按照惯例，需要由举行签字仪式的组织者负责准备待签合同的正式文本。主方会同有关各方共同指定专人，负责合同的定稿、校对、印刷与装订。待签的合同文本，通常按大八开的规格装订成册。

签约场地通常设有一张长桌，横放于室内，桌上铺设深绿色绒毯，桌后并排放两张或多张椅子。签字代表面门而坐，按照国际惯例，座次排列以右为尊、居中为尊。

签字仪式进行前，签字桌上要摆好待签合同文本和签字笔。桌子正中可摆放鲜花。涉外签约活动中，签字桌上还应插放相关国家的国旗。签字桌后墙上可挂横幅，横幅上书写签约仪式名称。

## 二、签字仪式的程序

主方参加签字仪式的人员需要在迎宾室迎候合作方，安排礼节性会见。

签约仪式开始时，双方共同进入会场。签约代表按事先安排的位置就座。双方的助签人员各自站在其右后或左后方。随行人员排列站立在签约代表身后（图8-2）。

签约仪式人数较少时，可按（图8-3）所示方法安排座位。

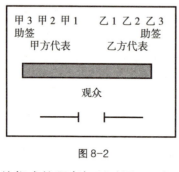

图8-2

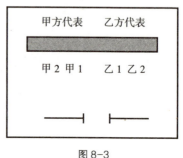

图8-3

签约仪式的程序如下（图8-4）：

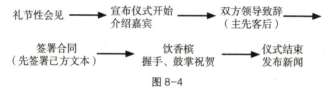

图8-4

相关细节：

（1）签字之前，助签人员（参与项目的工作人员）要协助签约代表打开文本，用手指明签字的位置。双方代表各在己方的文本上签字。

（2）由助签人员协助交换文本，双方代表在交换后的文本上再次签字。

（3）签字完毕后，双方同时起立，交换文本，并相互握手，祝贺合作成功。

（4）服务人员将香槟送上，双方饮酒热烈祝贺。

退场时，应请双方最高领导和客方先退场，然后主办方再退场。

## 习 题

1.作为签约仪式的组织者，在签约仪式前应做哪些准备？

2.作为签约仪式的参加者，应当遵守哪些礼仪原则？

## · 第三节 ·
# 剪彩仪式礼仪

## 一、剪彩礼的由来

1912 年的一天，美国圣安东尼奥城的一家百货店准备开张。一大早，百货店的门前聚集了许多人，看到这些，百货店的老板很高兴，但又担心顾客在没有开张前拥进门来，便将一条红色的缎带拦在了店门前。

老板的女儿正抱着可爱的小狗玩耍，小狗耐不住百货店门外热烈气氛的诱惑，挣脱了女孩的怀抱，跳到地上，跑出门去。女孩非常着急，不顾一切地追了上去，慌忙中冲开了缎带。顾客对这突如其来的情况莫名其妙，只听有人喊了一声："开张喽！"大家一拥而入。

老板当天的生意很好。他感谢自己的女儿，认为女儿的举动给店里带来了吉祥。

从那一天起，这种无意识的仪式在圣安东尼奥城传扬开来，并逐渐传遍美国，传遍世界。一个商厦要奠基，要举行剪彩仪式。一个饭店要开张，要举行剪彩仪式。人们用这种方式交流情感、表达真诚、传达信息。

剪彩，从一次偶然的"事故"发展为一项重要的活动，再进而演化为一项隆重而热烈的仪式，其自身也在不断发展，不断变化。例如，剪彩者先是由专人牵着一条小狗来充当，让小狗故意去碰落店门上所拴着的布带子。接下来，改由儿童担任，让他单独去撞断门上拴着的一条丝线。再后来，剪彩者又变成了妙龄少女，她的标准动作是当众撞落拴在门上的大红缎带。到了最后，剪彩则被定型为邀请当地官员和社会贤达人士，用剪刀剪断礼仪小姐手中所持的大红缎带。至今，出现在台上的拉彩服务人员不见踪影，被剪彩柱取代。

剪彩仪式是有关组织为了庆贺其成立或开业、大型建筑物落成、新造的车船和飞机出厂、道路桥梁落成首次通车、大型展览会或展销会的开幕而举行的一种庆祝仪式。剪彩仪式可以在庆典活动中举行，也可作为一项专门的仪式单独举行。

剪彩仪式进行之前，应当进行周密细致的准备工作，包括布置场地、打扫环境卫生、调试灯光与音响、邀请媒体、培训礼仪人员等。

## 二、剪彩仪式的物品准备

（1）红色缎带与花球。花球的具体数目通常比剪彩人数多一个，每两朵相邻的花球，用长度为 2 米左右的红色绸缎或缎带类织物连接起来。

（2）剪刀。专供剪彩者在剪彩仪式上剪彩使用，每位剪彩者必须人手一把。

（3）白色薄纱手套。供剪彩者在剪彩仪式上使用，要求崭新平整、洁白无瑕、大小适度。

（4）托盘。供礼仪人员用来盛放红色缎带、新剪刀、白色薄纱手套。托盘上可铺红色绒布或绸布。

仪式上的剪彩者通常由上级领导、合作伙伴、社会名流、职工代表等担任，人数最好不超过五人。仪式之前应征得本人同意，并告知届时将与何人一同担任剪彩者，以示尊重。助剪者通常由礼仪人员担任。

## 三、剪彩仪式的程序

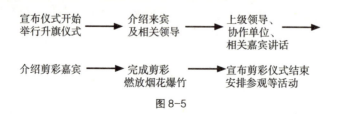

图 8-5

剪彩者与礼仪人员的位次排列方式如下所示（图 8-6）：

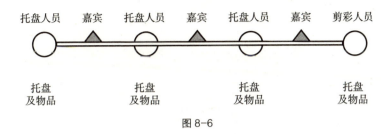

图 8-6

**？习题**

1. 举行剪彩礼的目的是什么？

2. 剪彩仪式进行的过程中，比较关键的细节有哪些？

## · 第四节 ·

# 新闻发布会礼仪

新闻发布会又称记者招待会，指的是邀请各有关新闻单位的记者，集中发布新闻、消息的会议。新闻发布会对于宣传单位形象具有重要的意义，是单位公关工作的重要组成部分。

## 一、新闻发布会的准备工作

召开新闻发布会之前，应认真做好各项准备工作。

（1）确定新闻发布会的主题、时间和地点。通常，新闻发布会的时间长度应限定在一个小时以内，重要新闻发布会亦不超过两个小时，所选择的地点应交通便利、设施齐全，且环境与主题相协调。

（2）确定主持人、发言人以及会议议程，发言人准备好发言稿，并准备答记者问。

（3）根据会议主题和预期目标，选择拟邀请的新闻单位及记者，向媒体单位和记者发出邀请。

（4）准备好新闻发布会的宣传辅助材料，以及供媒体发布新闻时使用的各种素材、新闻通稿，如模型、照片、录音录像资料等。

（5）布置会场，包括设计制作发言背景图板，准备灯光和音响设备、放映设备、背景音乐曲目等。会议之前由专人负责，调试到位。

（6）进行新闻发布会的排练预演。新闻发布会开始前，要再次检查各项准备情况，做好应对各种突发事件（如停电、雨雪天气等）的应对准备工作。

## 二、新闻发布会的程序

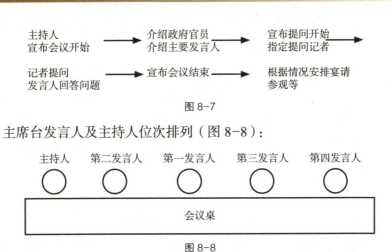

图 8-7

主席台发言人及主持人位次排列（图 8-8）：

图 8-8

## 习题

1. 文中新闻发布会的位次排列，其依据是什么？

2. 举行新闻发布会的目的是什么？

# 参考文献

[1] 金正昆.商务礼仪教程 [M].北京:中国人民大学出版社,1999.

[2] 张玛莉.成功有礼:专业形象塑造及社交商务礼仪 [M].广州:广州
出版社,2005.

[3] 李波.商务礼仪 [M].北京:中国纺织出版社,2006.

[4] 雷平斯基.成功着装 / 完全傻瓜指导系列 [M].熊丽霞,等译.沈阳:
辽宁教育出版社,2000.

[5] 南·利普托特.商战法则:全球商务礼仪透析 / 商战宝典丛书 [M].
李卫军,张小峰,等译.大连:东北财经大学出版社,2003.

[6] 服部幸应.西餐礼仪 [M].昆明:云南人民出版社,2004.

[7] 樱井弘.电话礼仪:商务电话正确应对方法 35 则 / 白领礼仪丛书
（M）.易友人,等译.北京:中国人民大学出版社,2005.

[8] 于西蔓.女性个人色彩诊断 [M].广州:花城出版社,2003.

[9] 杨柳.中国清真饮食文化 [M].北京:中国轻工业出版社,2008.

[10] 贾蕙萱.中日饮食文化比较研究 [M].北京:北京大学出版社,1999.

[11] 朱海宁.品鉴红酒 [M].北京:中国文联出版社,2007.

[12] 陈弘美.用筷子夹出美味:日餐、中餐礼仪 [M].北京:生活·读书·新
知三联书店,2012.

[13] 许祥林.礼行天下:国际礼仪礼宾和旅行 [M].北京:世界知识出
版社,2010.